Boker

Leben gestalten 7

Katholische Religion
Gymnasium

Herausgegeben von Bernhard Gruber

Erarbeitet von Bernhard Gruber, Franz Hertle,
Uto Meier und Claus Schredl

Ernst Klett Verlag
Stuttgart · Leipzig

Zugelassen als Lehrbuch für den katholischen Religionsunterricht von den Diözesanbischöfen von Augsburg, Bamberg, Eichstätt, München und Freising, Passau, Regensburg und Würzburg

1. Auflage 1 6 5 4 3 | 15 14

Alle Drucke dieser Auflage sind unverändert und können im Unterricht nebeneinander verwendet werden.
Die letzte Zahl bezeichnet das Jahr des Druckes.

Programmbereich Klett-Auer

Herausgeber: Dr. Bernhard Gruber, Friedberg
Autorinnen und Autoren: Dr. Berhard Gruber, Friedberg; Franz Hertle, Eichstätt;
Prof. Uto Meier, Augsburg; Claus Schredl, Ingolstadt

Umschlaggestaltung: weissbunt design und kontext, Berlin
Illustrationen: Gretje Witt, Düsseldorf
Satz: Albert Graf, Schwabmünchen
Druck: Offizin Andersen Nexö, Leipzig

Printed in Germany
ISBN 978-3-12-003776-7

9 783120 037767

I. „Ich bin doch kein Kind mehr!" – Fragen des Jugendalters

Wer bin ich? Der oder jener?
Bin ich denn heute dieser und morgen ein andrer?
Bin ich beides zugleich?
Vor den Menschen ein Heuchler
und vor mir selbst ein verächtlich wehleidiger Schwächling?
...

Dietrich Bonhoeffer

Mann – Kind

Wenn mir danach ist
hüpfe ich
zwei links, zwei rechts
durch leere Straßen.

Wenn mir danach ist
stürze ich
in eine Sofa-Ecke
und fühle mich geborgen.

Wenn mir danach ist
singe ich
Maikäfer flieg
und habe
Tränen in den Augen.

Wenn mir danach ist
mache ich alles –
solange
mich keiner sieht.

Jörn Pfennig

Günter Grass, geb. 1927 in Danzig, erhielt 1999 den Literatur-Nobelpreis für sein Lebenswerk

... Als Joachim Mahlke kurz nach Kriegsbeginn vierzehn Jahre alt wurde, konnte er weder schwimmen noch radfahren, fiel überhaupt nicht auf ... Vom Turnen und Schwimmen war er suspendiert, weil er sich als kränklich ausweisen konnte, indem er Atteste vorzeigte. Noch bevor Mahlke das Radfahren lernte und steif verbissen, mit hochrot abstehenden Ohren und seitlich verbogenen, auf- und untertauchenden Knien eine komische Figur abgab, meldete er sich während der Wintersaison im Hallenbad Niederstadt zum Schwimmen, wurde aber vorerst nur zum Trockenschwimmen mit Acht- bis Zehnjährigen zugelassen. Auch im folgenden Sommer war er noch nicht soweit. Der Bademeister ... mußte Mahlke zuerst im Sand drillen und dann an die Angel nehmen. Doch als wir ihm Nachmittag um Nachmittag davonschwammen und Wunderdinge von dem abgesoffenen Minensuchboot erzählten, bekam er mächtigen Auftrieb, schaffte es innerhalb von zwei Wochen – und schwamm sich frei ...
Gerade wollten wir, sechs oder sieben Mann stark, unseren täglichen Kurs einschlagen, ... da stand Mahlke auf dem Laufsteg des Herrenbades: „Nehmt mich doch mit. Ich schaff es bestimmt." Ein Schraubenzieher hing ihm unter der Gurgel und lenkte von seiner Gurgel ab. „Na schön!" Mahlke kam mit, überholte uns zwischen der ersten und zweiten Sandbank, und wir gaben uns keine Mühe, ihn einzuholen: „Der soll sich mal abstrampeln." ... Und dann zeigte Mahlke es uns. Er tauchte mehrmals kurz nacheinander mit seinem Schraubenzieher und brachte hoch, was sich nach zwei- oder dreimaligem Tauchen abschrauben ließ: Deckel, Verschalungsteile, ein Stück von der Lichtmaschine ... – und stand vom ersten Tag an ganz groß da ... Den Vorsprung des ersten Tages hielt er auch weiterhin. Jedesmal, bevor wir den Kahn – so hieß bei uns der Minensucher – erreichten, war Mahlke schon einmal unten gewesen und zeigte uns ... irgendein Scharnier, etwas, das sich leicht hatte lösen lassen, wortlos vor ... Mahlke galt, den Zeugnissen nach, als guter Schüler, wenn auch nicht als Primus ... Aber kein Streber, büffelte mäßig, ließ jeden abschreiben, petzte nie, entwickelte, außer während der Turnstunde, keinen besonderen Ehrgeiz, hatte auffallende Abscheu vor den üblichen Sauereien der Tertianer und griff ein, als Hotten Sonntag einen Überzieher, den er zwischen Bänken im Steffenspark gefunden hatte, an einem Ast aufgespießt in die Klasse brachte und über die Türklinke der Klassentür stülpte. Studienrat Treuge, einem halbblinden Pauker, der eigentlich hätte pensioniert sein müssen, sollte eins ausgewischt werden. Jemand rief schon auf dem Korridor „Er kommt!", da drückte sich Mahlke aus seiner Bank, machte unbeeilte Schritte und entfernte das Präservativ mit einem Butterbrotpapier von der Klinke. Niemand widersprach. Er hatte es uns wieder einmal gezeigt ...
Er war nicht für Mädchen, auch nicht für Schillings Schwester. Und meine Cousinen aus Berlin hat er angeguckt wie ein Fisch. Wenn überhaupt, dann war mit Jungens bei ihm etwas los; womit ich nicht sagen will, daß Mahlke verkehrt herum war; in jenen Jahren, da wir regelmäßig zwischen der Badeanstalt und dem auf dem Grund liegenden Kahn pendelten, wußten wir alle nie genau, ob wir Männchen oder Weibchen waren ...

Günter Grass

?!

- Wie versucht Mahlke, sich von seinen Minderwertigkeitsgefühlen „freizuschwimmen"?
- Der Dichter Walter Jens schrieb einmal: „Ich halte die Figur des ‚Großen Mahlke' für eine der ergreifendsten und glaubhaftesten Jungen-Gestalten in der modernen Dichtung."
  Begründet, ob auch heutige 14-jährige Jungen sich in einzelnen Verhaltensweisen Mahlkes wiederfinden können!

Pablo Picasso: *Mädchen vor dem Spiegel, Öl auf Leinwand (1932)*

Aus dem Lexikon:

Pubertät

[lateinisch] *die*

Entwicklungsphase des Menschen zwischen Kindheit und Erwachsensein. Beginn und Ende der Pubertät liegen in Mitteleuropa bei Mädchen etwa zwischen dem 11. (erste Menstruation) und 15./16. und bei Knaben etwa zwischen dem 12. (erster Samenerguss) und 16./17. Lebensjahr. Außer durch die Ausbildung der sekundären Geschlechtsmerkmale ist die Pubertät besonders durch Veränderungen hinsichtlich des Körperwachstums gekennzeichnet. Aufgrund des Spannungsverhältnisses zwischen vor allem hormonal bedingten Körperveränderungen und der erst später erlangten sozialen Reife ist die Pubertät auch eine Phase sozialer und psychischer Unausgeglichenheit. Im Verhalten zeigen sich leicht hervorrufbare, starke Erregtheit, Gefühlsambivalenz und -übersteigerung, Protesthaltung (vor allem gegen Erwachsene) und soziale Orientierungsschwierigkeiten.

?!

- Versucht, einzelne Aussagen des Lexikonartikels dem Auszug aus der Novelle von Günter Grass bzw. dem Picassobild zuzuordnen!
- Welche Beziehung vermutet ihr zwischen dem Mädchen und seinem Spiegelbild?
- Warum bestehen Unterschiede zwischen Picassos Mädchen und seinem Spiegelbild? Welche Selbstwahrnehmung des Mädchens könnte in diesen Unterschieden zum Ausdruck kommen?

?!

- Wie könnte das Mädchen versuchen, sich wie Mahlke (vgl. linke Seite) „freizuschwimmen"?
- Stell dir vor, dein Spiegelbild würde eines Morgens zu dir sprechen: „Liebe(r) ..., was ich dir immer schon sagen wollte: ..."
  Auf welche Aussagen würdest du dich freuen?
  Wovor hättest du Angst?
  Notiere die Antworten auf diese Fragen still auf einem eigenen Blatt Papier!

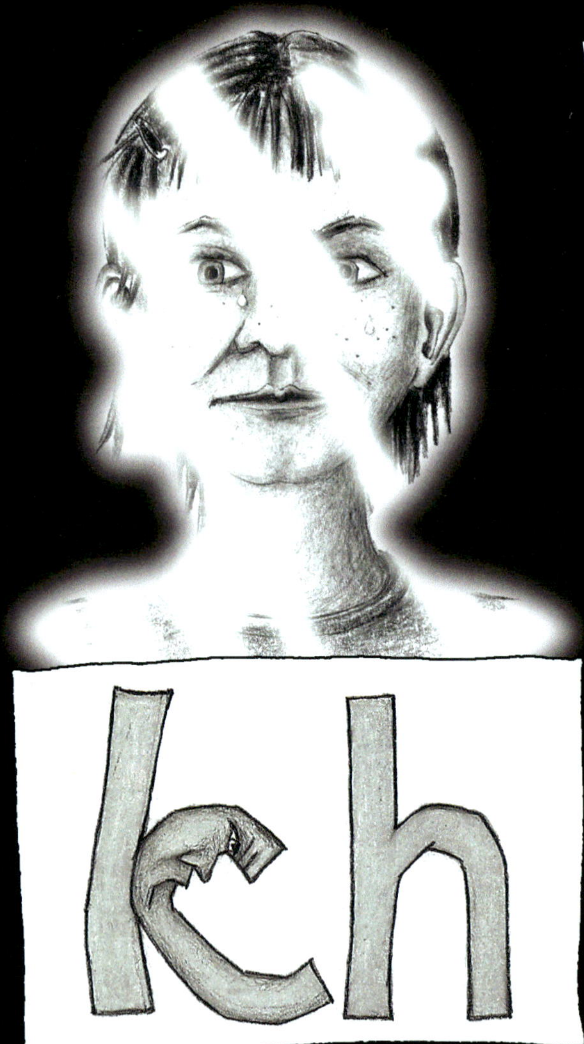

Nie kannst du pünktlich sein!

So eine Lusche können wir in unserer Mannschaft nicht brauchen!

Langweiler!

Neben dir fühle ich mich immer ganz minderwertig!

Hast du das jetzt immer noch nicht kapiert?

Deine Zahnspange ist echt sexy!

Egosau!

Tratsch das ja nicht wieder weiter!

Du machst mir Angst!

?!

- Von wem könnten die einzelnen Sprüche stammen?
- Zeichnet selbst ein zu dieser Seite passendes „Ich-Bild"!
- Wahrscheinlich hört auch ihr immer wieder Ähnliches. Wann belasten euch solche Bemerkungen am meisten?

Gut

Ich möchte gut sein.
Doch wenn sie meine
Fehler zählen,
sagen sie –
du weißt schon wer –
gut sei ich nicht.

Zählt doch mal,
was ich richtig mache.
Im Traum hab ich's gesehn,
du, das war schön.

Irmela Wendt

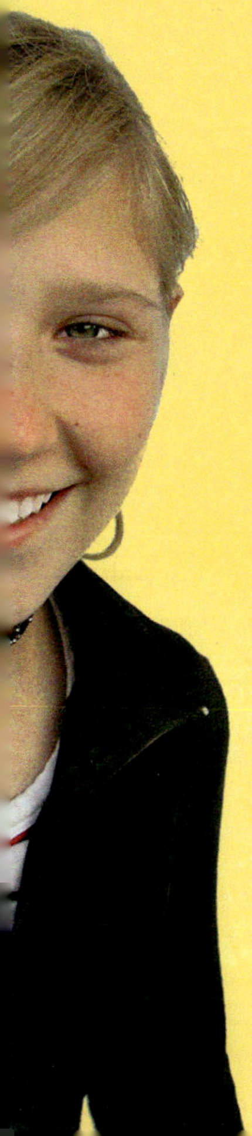

- Sammle Bemerkungen, mit denen dir in den letzten vier Wochen signalisiert wurde, dass du „gut“ bist!
- Von welchen Personen wünschst du dir solche positiven Rückmeldungen am meisten?
- Wann freuen dich solche Aussagen besonders?
- Zeichnet auch zu dieser Seite ein passendes „Du-Bild“! Wer oder was baut euch auf?

- Sandra, Tina, Cindy, Daniela und Mareike – who is who?
- Welche Gemeinsamkeiten, welche Unterschiede entdeckt ihr auf den beiden Bildern? Sucht nach Erklärungen und bezieht den Lexikonartikel und auch die Überschrift in eure Überlegungen mit ein!

Kinder sind Hauptabnehmer von Fanartikeln ihres Lieblingsvereins. Jedes dritte deutsche Kind findet Fanartikel toll, weit mehr als 50 % der jungen Fußballfans demonstrieren mit Trikot, Mütze oder Schal in den Clubfarben ihre Identifikation mit dem Verein.
(SPORTFIVE-Studie „Kinder am Ball", Berlin 2002)

WIE WÜNSCHE WA(H)R(EN) WERDEN

Aus dem Lexikon:

Konsumgesellschaft

Eine moderne Industriegesellschaft, in der wesentliche soziale Beziehungen durch den Konsum bestimmt werden. Die Konsumgesellschaft ist gekennzeichnet durch

- relativ hohe Massenkaufkraft und materiellen Wohlstand breiter Bevölkerungskreise (Wohlstandsgesellschaft),
- Massenproduktion relativ preisgünstiger und leicht beschaffbarer Verbrauchs- und Gebrauchsgüter sowie
- zum Teil durch Konsum zur Festigung/Steigerung des eigenen Prestige.

Die Bemühungen der Konsumgüterindustrie, kurzlebige Produkte anzubieten, eine Wegwerfmentalität zu propagieren sowie durch raschen Wechsel modischer Formen und technischer Ausstattung der Güter Sättigungstendenzen entgegenzuwirken und neue Bedürfnisse zu wecken, machen die Problematik eines vorwiegend auf Konsum orientierten Verhaltens deutlich.

?!

- Bringt die Einflüsterungen in die richtige Reihenfolge!
- Vergleicht mit den Aussagen des Lexikons und mit eigenen Erfahrungen!

Die „Mutprobe"

Als Frau Huber in einer Vertretungsstunde eine ausländische Schülerin nach ihrem Namen fragt, antwortet die ansonsten völlig unauffällige Anja prompt: „Die heißt Saufett!" Anja hat damit die Mutprobe in ihrer Clique bestanden, und den Verweis, den ihr Frau Huber ausstellt, nimmt sie gerne in Kauf. Schließlich haben Tina und Marion die Parole ausgegeben, die nicht nur wegen ihres ungepflegten Aussehens unbeliebte Mitschülerin Safet, die vor einigen Wochen neu in die Klasse kam und die mit ihrem billigen Modeschmuck sofort auf Ablehnung stieß, bei jeder Gelegenheit mit diesem Schimpfwort zu belegen. Nachdem nun sogar Anja die „Mutprobe" abgelegt hat, fehlt nur noch Sabrina. Die Freundinnen geben ihr noch eine Woche Zeit: Wenn sie bis dahin nicht in irgendeiner spektakulären Weise „die Saufett" lächerlich gemacht hat, kann sie sich eine andere Clique suchen.

- Anja erzählt Sabrina, dass sie anfangs auch Bedenken gehabt habe. Schließlich sei jedoch alles einfacher gewesen, als sie befürchtet habe. Ihre Eltern hätten über den Verweis nur gelacht, und in der Clique hätte Marion ihr neulich sehr anerkennend zugenickt.

- Angelika, die nicht zur Clique gehört, die aber über die Vorgänge trotzdem Bescheid weiß, fragt Sabrina, was sie wohl empfinden würde, wenn sie als Fremde in eine Klasse käme, wo ihr Name so übel verunstaltet würde.

- Tina war Zeugin, wie Safet ihrerseits bei einem Streit in der Pause eine Mitschülerin mit obszönen Schimpfworten belegte. Sie meint, Sabrina brauche sich keine Gewissensbisse zu machen, schließlich träfe es mit Safet wirklich keine Unschuldige.

- Monika, die mit einer Wandschmiererei die „Mutprobe" abgelegt hat, erklärt, dass es für sie überhaupt keine Frage gewesen sei, die Mitschülerin zu beschimpfen. Die Anerkennung in der Clique sei ihr sowieso das Wichtigste überhaupt.

?!

- Soll Sabrina die „Mutprobe" ablegen?
  Begründet eure Meinung in einem Brief und vergleicht eure Argumente!

  Denkbare Konstellationen sind:

  - Sabrina fragt ihre Brieffreundin um Rat. Diese antwortet ihr.
  - Sabrina begründet in einem Brief an Monika, warum sie die „Mutprobe" nicht ablegt.
  - Sabrina begründet in einem Brief an Angelika, warum sie die „Mutprobe" ablegt.
  - Sabrina entschuldigt sich in einem Brief an Safet dafür, dass sie die „Mutprobe" abgelegt hat.

- Peters Vater ist als Personalchef eines Großkonzerns den ganzen Tag im Stress. Wenn er abends nach Hause kommt, nimmt er als Erstes einen Drink – „zur Entspannung", wie er sagt.

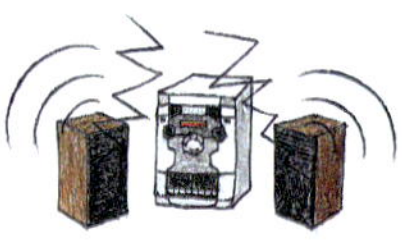

- Johanna streitet viel mit ihren Eltern, seit sie einen Freund hat und vor allem ihr Vater darüber gar nicht begeistert ist. Nach jeder Auseinandersetzung dreht sie in ihrem Zimmer die Stereoanlage bis zum Anschlag auf.

- Einen Schulweg ohne Zigaretten kann sich Stefan gar nicht mehr vorstellen. Das mulmige Gefühl, das sich bei der Vorstellung von sechs Stunden Unterricht jeden Morgen unweigerlich einstellt, wird so zumindest einigermaßen erträglich.

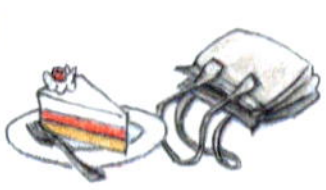

- „Aber bitte mit Sahne!" – Immer wenn Julia dieses Lied hört, denkt sie an ihre Oma, die seit Opas Tod fast jeden Nachmittag im Café verbringt.

- Jens wird mindestens einmal in der Woche von seinem Meister so richtig niedergemacht. Meist rauscht er dann mit seinem Moped mit Vollgas durch die Gegend, ziellos und stundenlang.

- Seit ihre Kinder aus dem Haus sind, sitzt Tinas Nachbarin den ganzen Tag vor dem Fernseher.

- Marc kann mit seinen Klassenkameraden wenig anfangen. Zum Glück arbeitet sein Bruder in einem Computerladen und bringt ihm immer die neuesten Computerspiele mit.

?!

- Welche der hier beschriebenen Personen würdet ihr als süchtig bezeichnen? Zieht zur Beantwortung auch die auf dieser Seite stehenden Informationen heran!
- „Hinter jeder Sucht steckt eine Sehnsucht!" – Diskutiert diese Behauptung!
- Sucht nach weiteren Suchtformen!

Sucht kann definiert werden als unabweisbares Verlangen nach einem bestimmten Gefühls-, Erlebnis- oder Bewusstseinszustand. Das Ziel von süchtigem Verhalten ist entweder, Lustgefühle herbeizuführen, und/oder Unlustgefühle wie zum Beispiel Wut, Trauer, Angst zu vermeiden.

Man unterscheidet drei Aspekte der Sucht:

1. Körperliche Abhängigkeit
2. Psychische Abhängigkeit
3. Zunehmende Beeinträchtigung der alltäglichen und sozialen Lebensführung

▶ *Wenn auch nur eines dieser Kriterien vorliegt, besteht bereits Suchtgefahr!*

Suchtkriterien

1. *Kontrollverlust*
   Der Konsum des Suchtmittels kann nicht mehr kontrolliert werden.
2. *Entzugserscheinungen*
   Zittern, Schweißausbrüche, Ängste, Wutausbrüche – Psyche und Körper verlangen nach dem Suchtmittel.
3. *Abstinenzunfähigkeit*
   Ein Leben ohne Suchtmittel scheint nicht mehr möglich.
4. *Dosissteigerung / „more effect"*
   Um den gleichen angestrebten „Glückszustand" herbeizuführen, muss die Dosis des Suchtmittels kontinuierlich gesteigert werden.
5. *Zentrierung*
   Das Leben konzentriert sich immer mehr um das Suchtmittel. Andere Interessen werden unwichtig.

Ein Gruppenprofil erstellen – Süchtig sind immer nur die anderen(?)!

Der Übergang zwischen normalem Verhalten und süchtigem Verhalten ist oft fließend. Besonders bei sich selbst neigt man dazu, den Gedanken an Sucht und Abhängigkeit weit von sich zu weisen.
Inwieweit das eigene Verhalten noch normal, also „der Norm entsprechend", ist, kann ein Vergleich mit Personen zeigen, die sich in einer ähnlichen Lebenssituation befinden.
Für einen solchen Vergleich bietet sich ein Gruppenprofil an. Hierzu nimmt man am besten ein großes Plakat (z. B. aneinander geklebte Tapetenbahnen) und Klebepunkte in drei verschiedenen Farben: Rot, Grün und Gelb, die Farben der Verkehrsampel, sind besonders gut geeignet.
Auf das Plakat, das nun über die verschiedenen Abhängigkeiten innerhalb eurer Klasse Auskunft geben soll, müssen zunächst untereinander alle „Drogen" geschrieben werden, die in eurem Alltag eine Rolle spielen: Süßigkeiten, Fernsehen, Zigaretten, Beruhigungsmittel, Bier, Essen, Computer, Kaffee, Walkman, Handy, Schnüffelstoffe …

Dann soll sich jeder ehrlich fragen:

- Wann habe ich zu diesen „Drogen" gegriffen?
- Was habe ich eigentlich bei der letzten Party getrunken?
- Wann und warum schalte ich den Fernseher ein?
- Wie viel Zeit verbringe ich vor dem Computer?
- …

Nun geht es ans Punkten. Man klebt hinter jede „Droge" einen Punkt: einen grünen, wenn man der ehrlichen Überzeugung ist, dass man gegen dieses Suchtmittel immun ist; einen gelben, wenn man meint, dass man zu dieser „Droge" zwar immer mal wieder greift, dass man aber noch jederzeit damit aufhören kann. Erkennt man auch nur ein einziges der auf der linken Seite aufgeführten Suchtkriterien, führt allerdings am roten Punkt kein Weg vorbei. Um die Anonymität zu wahren, empfiehlt es sich, die Bepunktung zunächst auf einem gesonderten Blatt Papier vorzunehmen, anonym einzusammeln und dann gemeinsam auszuwerten.

Aus dem Lexikon:

Drogen

[französisch]

Präparate, die als Heilmittel, Stimulanzien oder Gewürze Verwendung finden; heute oft ungenau im Sinne von Rauschdrogen oder Suchtdrogen verwendet. In diesem erweiterten Sinn kann alles, wonach jemand süchtig ist, als „Droge" bezeichnet werden.

?!

- Erstellt unter der Überschrift „Süchtig sind immer nur die anderen(?)!" ein solches Gruppenprofil und diskutiert das Ergebnis!
(Es versteht sich, dass absolute Ehrlichkeit die Grundvoraussetzung für das Gelingen dieses Vorhabens ist – ein einziger „Scherzbold" kann alles kaputt machen!)

Süchtig sind immer nur die anderen(?)!
Bier
Zigaretten
Computer
Musik
Handy
…

Bei einer Party geht's nicht ohne!

Unter der Woche nie – aber am Samstag?

Wem musst du was beweisen?

Wenn es aber alle machen?

In den Ferien vielleicht?

Lieber doch nicht?

Mein Bruder schwört auf Ecstasy!

Ob du dich auf Drogen einlässt oder nicht – die letzte Verantwortung dafür liegt immer allein bei dir!

- Setze mit deinem Partner eine dieser Überlegungen in einem kurzen Rollenspiel in Szene!

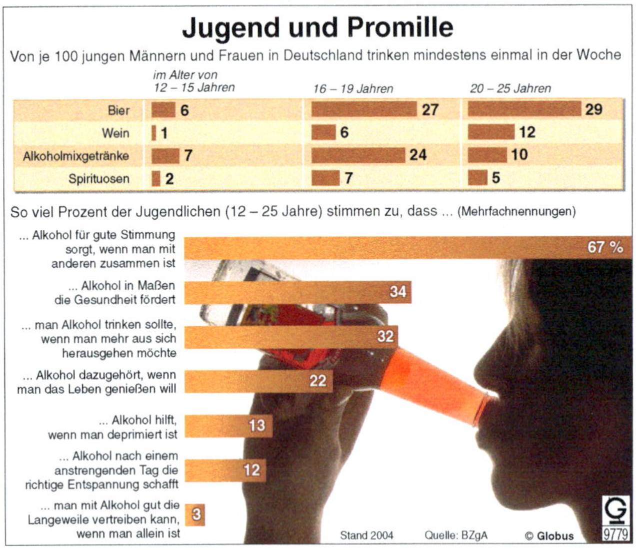

Die einen:

Drogen machen abhängig!

Kiffen schadet dem Gehirn!

Alkohol und Nikotin raffen die halbe Menschheit hin!

Die anderen:

Alkohol ist viel schädlicher als Cannabis!

Drogenkonsum macht einfach Spaß!

Ohne Bier und ohne Rauch stirbt die andre Hälfte auch!

Durch frühzeitige und vielfältige Aufklärung kennen heute nahezu alle Jugendlichen die gesundheitsschädigenden Folgen von Nikotin, Alkohol und anderen Drogen.

- Welche gesundheitsschädigenden Folgen von Drogenkonsum kennt ihr?
- Was macht nach eurer Meinung Drogen so faszinierend, dass – allen Aufklärungskampagnen zum Trotz – viele Jugendliche nicht widerstehen können?

Hilfsangebote im Internet:

www.dhs.de (Deutsche Hauptstelle für Suchtfragen)

www.bzga.de (Bundeszentrale für gesundheitliche Aufklärung)

www.jugendhilfe.net

www.anonyme-alkoholiker.de

„Ich bin zwar erst 13 Jahre alt, aber mit meiner Figur alles andere als einverstanden. Ich möchte so gerne eine Diät machen, weil ich mich selber nicht mehr wohl fühle. Ich habe auch schon mit meiner Mutter geredet, aber sie ist gegen eine Diät, weil sie findet, wie alle meine Freunde, dass meine Figur völlig in Ordnung ist. Ich bin 1,72 m groß und wiege 61 Kilo. Treibe regelmäßig Sport und esse wenig Süßigkeiten. Ich will gern abnehmen, ohne dass meine Mutter was mitbekommt."

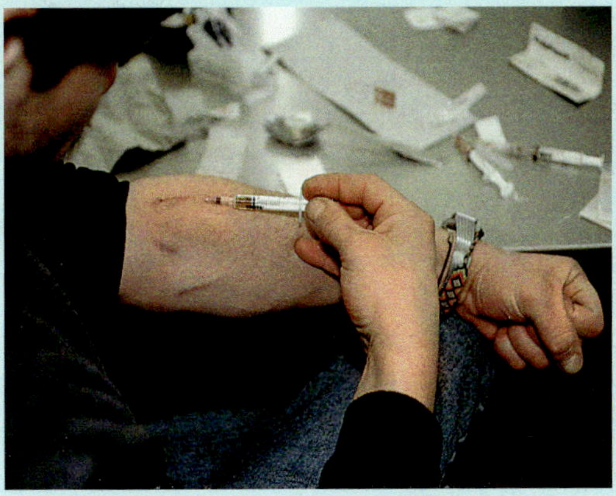

„Seit ein paar Wochen weiß ich nicht mehr, was ich machen soll. Nicht nur dass Kevin, mein bester Freund, sich jedesmal, wenn wir in der Clique fortgehen, sinnlos besäuft. Vor zwei Monaten hat ihm Timo, der Freund seiner Schwester, zum ersten Mal einen Joint angeboten, und seitdem hält er alle, die nicht kiffen oder drücken, für Feiglinge und Spießer. Was soll ich tun?"

Wenn der **Schöpfer** des Himmels und der Erde
der Herr des ganzen Universums **zu dir ja zu dir ja sagt** –
warum solltest dann gerade **du**
zu dir ja zu dir nein sagen?

?!

- Je nach Kommasetzung verschiebt sich der Sinngehalt des oben stehenden Aphorismus. Vergleicht die möglichen Varianten!
- Antwortet einem der beiden Leserbriefschreiber!
- Vergleicht eure Antwortbriefe!
- Versucht, euch auf jeweils ein gemeinsames Antwortschreiben zu einigen!

Schüler aus Bayern bei „Jugend forscht“ spitze!

„Jugend forscht – Landeswettbewerb Bayern 2005“
Gruppenfoto vor dem Eingang des Deutschen Museums

„Jugend trainiert für Olympia“: Bamberger Schüler fuhren nach Berlin.

35 bayerische erste Preisträger beim Bundeswettbewerb „Jugend musiziert“

?!

- Welche anderen Wettbewerbe für Jugendliche mit speziellen Fähigkeiten kennt ihr?
- Stellt zusammen, welche großen und kleinen Interessen und Begabungen in eurer Klasse bzw. Schule vorhanden sind!

Kurzreden mit schriftlicher Evaluation – selbstbewusst seine eigene Meinung vertreten

Jeder Mensch hat spezielle Vorlieben und Veranlagungen. Aus Angst davor, nicht verstanden oder vielleicht sogar verlacht zu werden, scheut man sich manchmal jedoch, über solche Dinge zu sprechen.

Die Zusammenstellung der in eurer Klasse vorhandenen Interessen und Begabungen hat gezeigt, wie interessant es sein kann, mehr über andere zu erfahren. Dies funktioniert um so besser, je eher jeder Einzelne bereit ist, etwas von sich selbst den anderen mitzuteilen.

Vorgehensweise:

1. Möglichst viele Schüler halten im Laufe des Schuljahrs eine dreiminütige Rede über eines ihrer Interessengebiete.
   Wer beginnt, hat freie Auswahl. Die folgenden Referenten sollen nach Möglichkeit jeweils ein neues Gebiet vorstellen und thematische Doppelungen weitgehend vermeiden.
2. Unmittelbar nach der Rede füllen die Zuhörer Bewertungsbögen aus, in denen sie dem Referenten rückmelden, wie seine Rede bei ihnen angekommen ist (*Evaluation,* lat.: Bewertung).
   Wichtig dabei ist, dass die Rückmeldungen positiv aufbauend sind, das heißt: Kritik ist erwünscht, sie muss aber so formuliert sein, dass der Referent daraus persönlichen Nutzen ziehen kann.
3. Anschließend kann eine kurze Besprechung im Plenum erfolgen.
4. Nach Auswertung der Evaluationsbögen steht es dem Referenten frei, ob er in der folgenden Unterrichtsstunde zu den Rückmeldungen nochmals kurz Stellung nehmen will.

Evaluationsbogen:

Die Bewertungsbögen sollen folgende Punkte berücksichtigen:

a) ***Verständlichkeit:***
Gliederung – Wortwahl und Satzbau – Länge – Sprechweise

b) ***Wirkung auf die Zuhörer:***
Interesse geweckt – Überzeugungskraft – Sicherheit – Freundlichkeit

c) ***Gesamteindruck:***
Was mich am meisten beeindruckt/überrascht.

Schülerinnen und Schüler des Gymnasiums Hilpoltstein beteiligten sich an einem Projekt, bei dem sie zusammen mit mehrfachbehinderten, gehörlosen Schülern der Regens-Wagner-Stiftung Zell das Schulgebäude bemalten. Dabei machten die Gymnasiasten ganz unterschiedliche Erfahrungen:

„Bevor wir dieses Projekt durchführten, hatte ich eher Angst vor dem Kontakt mit Behinderten. Diese Angst besteht nun nicht mehr. Nach kurzer Zeit bemerkte ich gar nichts mehr von der Behinderung. Mich hat die Zusammenarbeit mit den „Behinderten" wirklich weitergebracht und, ich glaube, auch toleranter gemacht." *(Ines, 16 Jahre)*

„Schon nach zwei Stunden waren meine Ängste abgebaut und dieser Tag war noch voll lustig. Ich weiß jetzt, dass Menschen, die nicht alles genauso tun können wie ich, trotzdem viel Spaß haben können." *(Britta, 16 Jahre)*

„Ich war überrascht, wie wenig schüchtern die gehörlosen Jugendlichen auf uns zugingen. Vielleicht könnten wir auf diesem Gebiet einiges dazulernen." *(Kathrin, 14 Jahre)*

„Ich hatte ein wenig Angst, dass sich peinliche Situationen ergeben könnten, bei denen man nicht weiß, wie man sich verhalten soll. Aber dazu kam es gar nicht. Die Kontaktfreudigkeit der sogenannten Behinderten nahm mir alle Berührungsängste." *(Philipp, 16 Jahre)*

„Diese Menschen sind trotz komischer Laute und Bewegungen genauso wie wir. Man braucht schon Geduld im Umgang mit ihnen, aber man wird dafür reich belohnt! Ich habe von ihnen gelernt, wie glücklich man über kleine Dinge sein kann. Unser Bild ist auf einer schönen Basis entstanden: Verständnis." *(Julia, 16 Jahre)*

„Wir haben eigentlich viel mehr Möglichkeiten, weil wir ja ohne Behinderung leben können. Aber die gehörlosen Jugendlichen haben uns gezeigt, wie glücklich man sein kann. Da könnten wir wirklich etwas dazulernen. Dass ich mal von Behinderten etwas lernen würde, hätte ich ehrlich nicht gedacht." *(Felix, 15 Jahre)*

Manche Menschen leben mit einer Behinderung. Für die meisten dieser Menschen ist jedoch die Behinderung nur die eine Hälfte ihres Problems. Es kommt noch hinzu, dass sie bei ihren Mitmenschen auf Ablehnung, Vorbehalte, Unverständnis und ähnliche Reaktionen stoßen. Die Reaktionen der Umwelt machen das Leben oft schwerer als die Behinderung selbst.

?!

- Welche Behinderungsformen kennst du?
- Gibt es in deiner Klasse Schüler, die von ihrem Alltag mit behinderten Menschen in ihrer Familie erzählen können?
- Deute den Satz eines Rollstuhlfahrers: „Wir sind nicht behindert, wir werden behindert!“
- Unter www.hollwitz.de/beh findest du im Internet Informationen zur Diskriminierung von Behinderten!

Og de Souza aus Brasilien ist seit seiner Kindheit behindert. Dennoch zählt er zu den besten Skateboardfahrern der Welt.

Behinderte haben – genau wie andere Menschen – die Aufgabe, ihr Leben zu bewältigen. Häufig tun sie das auf eine Weise, die uns ungewöhnlich erscheint. Schon die Namen mancher Hilfsmittel – „Braille-Schreibweise“, „Fingeralphabet“, „Lichtklingel“ – deuten an, dass diese Menschen ihren Alltag anders meistern.

?!

- Was würde sich an deinem Tagesablauf ändern, wenn du nicht sehen bzw. nicht hören könntest?
- Versuche, mit dem abgebildeten Braille-Alphabet deinen Namen zu schreiben!

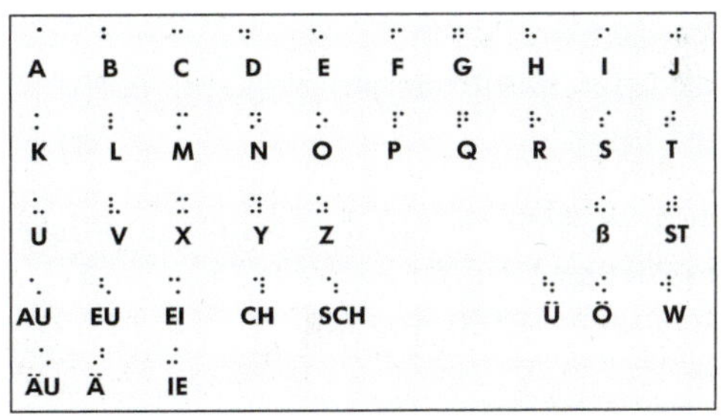

Mithilfe des Braille-Alphabets können Blinde lesen.

Eine der wichtigen Aufgaben der Gesellschaft ist die Integration behinderter Menschen. Das bedeutet aber nicht nur, dass die Politiker etwas tun müssen. Wir alle können Hemmschwellen abbauen, aufeinander zugehen und die Isolation, in der sich Behinderte befinden, aufbrechen. Der erste Schritt hierzu ist das Wahrnehmen von Behinderten in der eigenen Umgebung.

?!

- Wo existieren in eurer Nähe Behinderteneinrichtungen?
- Um welche Personengruppe kümmern sich diese Einrichtungen?
- Wie arbeiten sie?
- Informiere dich im Internet über die Arbeit und den weltanschaulichen Hintergrund der Regens-Wagner-Stiftung!

„Verrückter kann man gar nicht leben", schreibt Ruth Pfau – ausgezeichnet mit

dem großen Bundesverdienstkreuz, Ehrenbürgerin Pakistans, Trägerin des höchsten pakistanischen Zivilordens – über ihr Leben. Doch was heißt verrükkt? Ist es verrückt, 1948 mit knapp zwanzig Jahren aus Ostdeutschland nach Westdeutschland zu fliehen? Ist es verrückt, Medizin zu studieren? Ist es verrückt, sich als Atheistin dem Christentum zuzuwenden, zum Katholizismus zu konvertieren und schließlich als Ordensfrau zu leben? Ist es verrückt, angewidert von der Konsumspirale in Deutschland nach Pakistan zu gehen und dort den Kampf gegen die Lepra aufzunehmen?

Ruth Pfau beschreibt ihre ersten Eindrücke in Pakistan, die ihr weiteres Leben entscheiden sollten, so:

„Hier war also das Marie-Adelaide-Leprosy-Center. Und das war der Behandlungsraum: aus alten Holzkisten zusammengenagelt, ohne Elektrizität, ohne Wasser. Der Raum vollgestopft mit Patienten. Und Fliegen, überall Fliegen.

Was mich aber damals noch mehr erschüttert hat, das war dieser eine Patient. Nicht älter als ich, noch keine 30: Mohammed Hassan. Er kroch, auf Händen und Füßen, in den Bretterverschlag, wie ein Hund. Seine Mitpatienten traten gleichgültig zur Seite, keiner regte sich auf. So, als sei das eine Selbstverständlichkeit. Und auch das hätte vielleicht noch nicht den letzten Anstoß gegeben, wenn Mohammed Hassan es selbst nicht so gleichmütig hingenommen hätte.
Er hatte auch nur ein einziges Leben zu leben! Ein Leben so wie ich!
Dieses Ja zur Entwürdigung hat mich fast betäubt. ‚Das Böse anspringen', hat der heilige Thomas gesagt. Ich wusste plötzlich: Hier, hier musste es geschehen …"

Seit 1961 lebt Ruth Pfau nun in Pakistan. Gemeinsam mit einheimischen Helfern gelang es ihr, ein landesweites Netz medizinischer Vorsorge aufzubauen – selbst in den unzugänglichsten Bergregionen und dem benachbarten Afghanistan. Dank ihrer unermüdlichen Arbeit ist die Lepra in Pakistan mittlerweile unter Kontrolle.
Mit dem Kampf gegen die Lepra verband Ruth Pfau auch den Kampf für Menschenrechte und die soziale Rehabilitation der Kranken, vor allem der Frauen und Kinder. Dazu zählen Aufklärungsarbeit, finanzielle Unterstützung und Ausbildungsangebote. All dies organisierte die katholische Ordensfrau in einem rein islamischen Land – auf Grund ihres sensiblen Umgangs mit den vor Ort herrschenden Mentalitäten ist sie dort hoch geachtet.

Kann man verrückter leben?

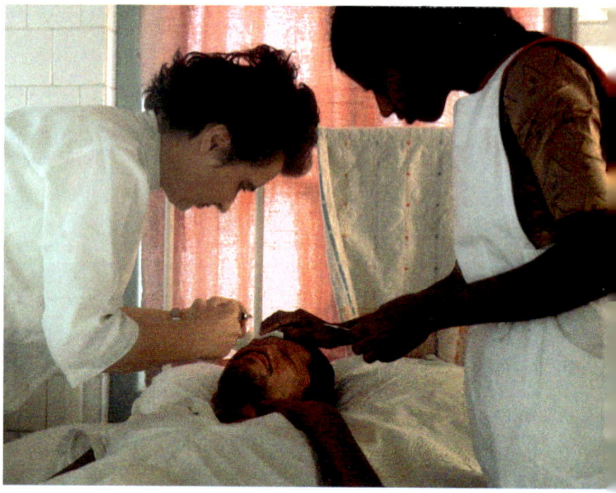

?!

- Sucht gemeinsam nach einer Antwort auf diese Frage!
- Beschreibt das Vorbildhafte am Leben Ruth Pfaus und informiert euch im Internet über die Arbeit der Ruth-Pfau-Stiftung!
- Stellt in Kurzreferaten vergleichbare vorbildhafte Menschen vor!

Der Fürsorge für die Jugend galt das Leben von Johannes Bosco, der in Turin als „Don Bosco“ daran arbeitete, verwahrlosten Jugendlichen ein menschenwürdiges Leben zu ermöglichen. Er richtete in benachteiligten Stadtvierteln Schulen ein, dazu Heime und Ausbildungsstätten, nutzte die Möglichkeiten der Presse und gab Zeitschriften und Bücher heraus.

Don Bosco hatte eine großartige Begabung, auf Menschen zuzugehen und sie für sich und über sich für den Glauben zu gewinnen. Er wird als fröhlich, witzig, heiter und immer wohlwollend geschildert. Bei Gefängnisexerzitien erwirkte er die ministerielle Sondererlaubnis, mit 300 Gefangenen einen unbewachten Ausflug zu machen. Keiner nutzte die Gelegenheit zur Flucht.

Ab 1859 organisierte Don Bosco die Kongregation der Salesianer, mit der Aufgabe, schwierige Jugendliche zu erziehen. Schon zu seinen Lebzeiten gab es 250 Häuser in Europa und Amerika, die in seinem Geist arbeiteten.

?!

Menschen wie Don Bosco oder Ruth Pfau sind nie Gegenstand solch schwärmerischer Verehrung wie auf dem Bild rechts.

- Was unterscheidet ein Vorbild von einem Idol?
- Welche Idole sind bei Jugendlichen eures Alters gerade aktuell?
- Diskutiert, bis zu welchem Grad ihr die Verehrung von Idolen für sinnvoll erachtet und wo ihr eine Grenze überschritten seht!

130 000 Jungen fanden darin ein Zuhause, jährlich wurden 18 000 Lehrlinge ausgebildet; 6000 Priester sind allein zu seinen Lebzeiten daraus hervorgegangen.

Die Salesianer engagieren sich unter anderem für Straßenkinder in Südamerika

?!

- Diskutiert, ob Don Bosco heute noch ein „aktueller Heiliger“ ist!
- Informiert euch im Internet über heutige Aufgaben der Salesianer!
- Sucht in Heiligenbüchern oder unter www.heiligenlexikon.de selbst nach Lebensgeschichten, die für Jugendliche eures Alters Vorbildcharakter haben könnten! Vergesst dabei eure Namenspatrone nicht!
- Gottesliebe, Nächstenliebe und Selbstliebe sollen nach christlichem Verständnis in einem Gleichgewicht stehen. Untersucht, inwieweit dies bei Ruth Pfau und Don Bosco der Fall ist!

Aus dem Lexikon:

Idol

Gegenstand schwärmerischer Verehrung

Lebenslügen

Ein Mensch wird schon als Kind erzogen
Und, dementsprechend, angelogen.

Er hört die wunderlichsten Dinge,
Wie, dass der Storch die Kinder bringe,
Das Christkind Gaben schenkt zur Feier,
Der Osterhase lege Eier.

Nun, er durchschaut nach ein paar Jährchen,
Dass all das nur ein Ammenmärchen.

Doch andre, weniger fromme Lügen
Glaubt bis zum Tod er mit Vergnügen.

Eugen Roth

Nehmen wir mal an
es stimmt
was sie sich erzählen
über den Mann
der da lebte
vor 2000 Jahren

Nehmen wir mal an
es stimmt
was sie sich erzählen
über seine Ideen und Einstellungen

Nehmen wir mal an
es stimmt
was sie sich erzählen
über seine Augen
die strahlten und wärmten
über seine Hände
die heilten und schützten
über seine Ohren
die zuhörten und verstanden

Nehmen wir mal an
es stimmt
was sie sich erzählen
über seine merkwürdigen Taten
über seine neuen Worte

Nehmen wir mal an
es stimmt
was sie sich erzählen
über seine Ausstrahlung
über seine Liebe

Nehmen wir mal an
es stimmt
was sie sich erzählen
über die Auferstehung
dieses Mannes

Nur mal angenommen –
wäre das nicht eine Chance?

Beate Hirt

?!

- Welche religiösen Erzählungen aus eurer Kinderzeit erscheinen euch heute als „Ammenmärchen"?
- Diskutiert, ob ihr euch in diesem Zusammenhang von den Personen, die euch solche Geschichten erzählt haben, „angelogen" fühlt!
- Stellt zusammen, welche Fragen in Bezug auf Gott und den christlichen Glauben euch heute problematischer erscheinen als vor einigen Jahren!
- Im Verlauf des bisherigen Kapitels wurden immer wieder Probleme angesprochen, die mit dem Ende der Kinderzeit einhergehen. Untersucht mit Hilfe von Psalm 139, inwiefern der christliche Glaube gerade auch in dieser Lebensphase eine Hilfe sein kann!

Der Mensch vor dem allwissenden Gott

Herr, du hast mich erforscht und du kennst mich. Ob ich sitze oder stehe, du weißt von mir. Von fern erkennst du meine Gedanken.
Ob ich gehe oder ruhe, es ist dir bekannt; du bist vertraut mit all meinen Wegen.
Noch liegt mir das Wort nicht auf der Zunge – du, Herr, kennst es bereits.
Du umschließt mich von allen Seiten und legst deine Hand auf mich.
Zu wunderbar ist für mich dieses Wissen, zu hoch, ich kann es nicht begreifen.
Wohin könnte ich fliehen vor deinem Geist, wohin mich vor deinem Angesicht flüchten?
Steige ich hinauf in den Himmel, so bist du dort; bette ich mich in der Unterwelt, bist du zugegen.
Nehme ich die Flügel des Morgenrots und lasse mich nieder am äußersten Meer,
auch dort wird deine Hand mich ergreifen und deine Rechte mich fassen.
Würde ich sagen: „Finsternis soll mich bedecken, statt Licht soll Nacht mich umgeben", auch die Finsternis wäre für dich nicht finster,
die Nacht würde leuchten wie der Tag, die Finsternis wäre wie Licht.
Denn du hast mein Inneres geschaffen, mich gewoben im Schoß meiner Mutter.
Ich danke dir, dass du mich so wunderbar gestaltet hast. Ich weiß: Staunenswert sind deine Werke.
Als ich geformt wurde im Dunkeln, kunstvoll gewirkt in den Tiefen der Erde, waren meine Glieder dir nicht verborgen.
Deine Augen sahen, wie ich entstand, in deinem Buch war schon alles verzeichnet;
meine Tage waren schon gebildet, als noch keiner von ihnen da war.

Psalm 139,1-16

1. Untersucht, wie in verschiedenen Jugendbüchern (vielleicht sogar aus unterschiedlichen Zeiten) die Probleme des Erwachsenwerdens geschildert werden! Unterscheidet dabei zwischen Mädchen und Jungen!

2. Diskutiert, ob ihr mit eurer Religionsgruppe/eurer ganzen Klasse am internationalen Nichtraucherwettbewerb „Be smart – don't start" teilnehmen wollt! Dieser Wettbewerb wird unter anderem von der Landeszentrale für Gesundheit in Bayern unterstützt. Informationen findet ihr im Internet unter www.besmart.info.

3. *Wenn Unrecht geschieht, wenn Not herrscht, wenn Dummheit waltet, wenn Hass gesät wird, wenn Muckertum sich breit macht, wenn Hilfe verweigert wird – stets ist jeder Einzelne zur Abhilfe aufgerufen, nicht nur die „jeweils zuständige" Stelle ...*
   Jeder Mensch suche sich Vorbilder! Das ist möglich. Denn es existieren welche. Und es ist unwichtig, ob es sich dabei um einen großen toten Dichter, um Mahatma Gandhi oder um Onkel Fritz aus Braunschweig handelt. Wenn es nur ein Mensch ist, der im gegebenen Augenblick ohne Wimperzucken das gesagt oder getan hätte, wovor wir zögern ... *Erich Kästner*

   Erstellt eine Collage mit Bildern von Menschen, die im Sinne Kästners als Vorbilder angesehen werden können! Es wäre schön, wenn das Vorbildhafte ihres Verhaltens zumindest in dem einen oder anderen Bild mitaufscheinen könnte!

4. Plant den Besuch einer in eurer Umgebung gelegenen Behinderten-Einrichtung!

5. Erkundet bei euren Eltern und Großeltern, welche Idole in ihrer Jugendzeit „in" waren, und vergleicht mit heutigen Idolen!

6. Befragt ältere Jugendliche, von denen ihr wisst, dass ihnen der christliche Glaube in ihrem Leben wichtig ist (Gruppenführer, Oberministranten, Pfadfinder ...), ob bzw. wie sich ihre Glaubensvorstellungen verändert haben, als sie in eurem Alter waren!

Edvard Munch: Pubertät, Lithografie (1895)

1. Beschreibt alles, was euch an dem Bild oben auffällt, und diskutiert anschließend, welche Aspekte der „Pubertät" ihr in diesem Bild zu erkennen glaubt!

2. Verfasst ein „Sucht-ABC"!
   Dazu müsst ihr, soweit möglich, alle Buchstaben des Alphabets als Anfangsbuchstaben von Begriffen verwenden, die Suchtverhalten charakterisieren!

3. Analysiert, ob Menschen gleichzeitig Idol und Vorbild sein können!

4. Annika (13) hat eine kleine Cousine (3). Diese erzählt ihr stolz, was ihr das Christkind alles geschenkt hat, und fragt Annika, was sie bekommen hat.
   Wie soll Annika antworten? Spielt verschiedene Varianten im Rollenspiel durch und besprecht die jeweiligen Vor- und Nachteile!

5. *Kann denn eine Frau ihr Kindlein vergessen, eine Mutter ihren leiblichen Sohn?*
   Und selbst wenn sie ihn vergessen würde: ich vergesse dich nicht. (Jes 49,15)
   Diskutiert, ob bzw. inwieweit diese Zusage Jahwes an sein Volk für Jugendliche eures Alters auch heute hilfreich sein kann!

II. Mit dem Evangelisten Markus

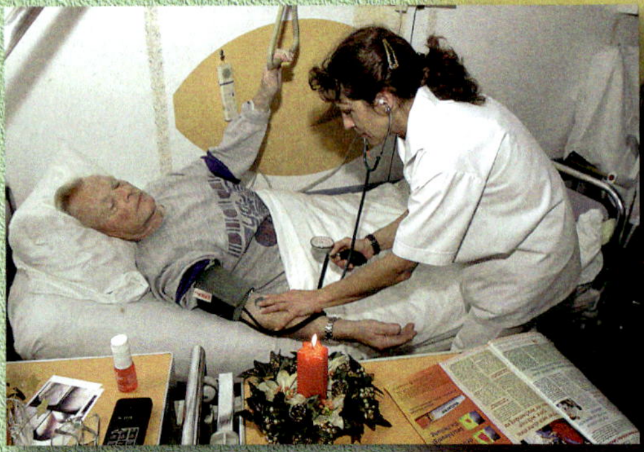

von einer „besseren Welt" erzählen

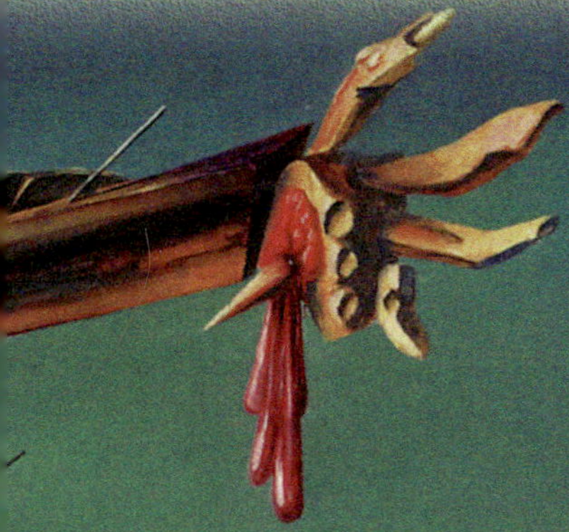

*Die Zeit ist erfüllt,
das Reich Gottes
ist nahe.
Kehrt um, und
glaubt an das
Evangelium.*

Mk 1,15

*Alle Menschen sind
frei und gleich an
Würde und Rechten
geboren. Sie sind mit
Vernunft und Gewissen
begabt und sollen
einander im Geist
der Brüderlichkeit
begegnen.*

*Artikel 1 der Allgemeinen
Erklärung der Menschenrechte*

Unfall auf der Autobahn

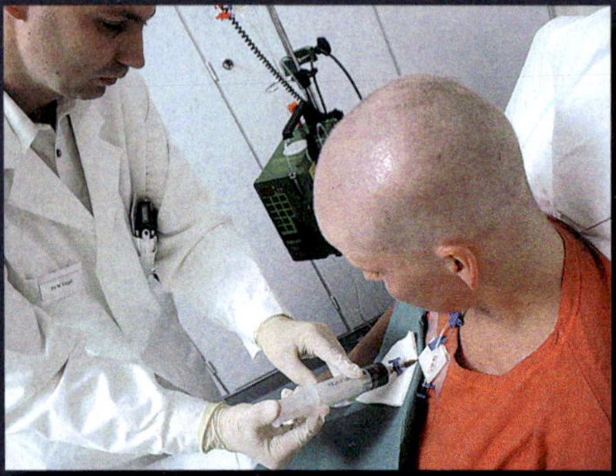

Gewalt im Schulhof

- Welche Empfindungen/Ängste lösen die Bilder bei dir aus?
  Von welchen hier dargestellten Situationen fühlst du dich unmittelbar bedroht?
- Verfasse zu einer der abgebildeten Situationen eine Kurzreportage für das Schülerradio mit dem Thema: „Wovor Schüler unserer Schule Angst haben – eine Momentaufnahme“!
- „Ich habe Angst davor, dass ...“
  Vervollständige diesen Satz und besprich ihn mit deinem Banknachbarn!

Alle Menschen sind gleich

Grundgesetz, Artikel 1

WÜNSCH DIR WAS

Ich glaube, dass die Welt sich noch mal ändern wird
Und dann Gut über Böse siegt
Dass irgendjemand uns auf unsern Wegen lenkt
Und unser Schicksal in die Hände nimmt
Ja, ich glaube an die Ewigkeit
Und dass jeder jedem mal vergibt
Alle werden wieder voreinander gleich
Jeder kriegt, was er verdient
Ich glaube, dass die Menschheit mal in Frieden lebt
Und es dann wahre Freundschaft gibt
Und der Planet der Liebe wird die Erde sein
Und die Sonne wird sich um uns drehn

Das wird die Zeit, in der das Wünschen wieder hilft

Es wird einmal zu schön, um wahr zu sein
Habt ein letztes Mal Vertrau'n
Das Hier und Heute ist dann längst vorbei
Wie ein böser alter Traum
Es wird ein großer Sieg für die Gerechtigkeit
Für Anstand und Moral
Es wird die Wiederauferstehung vom Heiligen Geist
Und die vom Weihnachtsmann
Es kommt die Zeit, in der das Wünschen wieder hilft
Komm und wünsch DIR was

Text: Andreas Frege

*Henri Matisse:
Der Tanz (1909/1910),
Öl auf Leinwand*

- Welche Arten von Wünschen und Hoffnungen werden in den Bildern und Texten angesprochen?
- Welche Hoffnungsbilder gibt es zurzeit in deiner Umwelt?
- Wenn du möchtest, kannst du deinem Banknachbarn deine eigenen Träume schildern! Was davon kannst du bereits jetzt verwirklichen?

Wir haben in unserer Zeit bestimmte Ängste, aber auch gewisse Hoffnungen. Nicht viel anders ging es den Menschen, die vor ca. 2000 Jahren in Judäa lebten.

Judäa im Römischen Reich

Wie ihr bereits wisst, war das Land Israel zur Zeit Jesu von den Truppen der Römer besetzt. Die Juden hatten damit große Probleme.

?! • Wiederholt, was ihr von früheren Jahren hierüber wisst!

Die verschiedenen Gruppen, die zur Zeit Jesu in Israel lebten, hatten jeweils eigene Erwartungen und Vorstellungen von einer besseren Welt.

Ein Pharisäer
„Wir Laien müssen die Gebote ganz genau erfüllen. Dann sendet Gott den Messias, der das Land befreien wird. Wir fasten und spenden für die Armen. Die einfachen Leute können das nicht, weil sie die Tora nicht lesen können."

Ein Sadduzäer
„Wir als Priester und Hüter des Tempels und der Tempelopfer wollen ein neues Reich Israel haben. Sicherlich, dabei müssen wir manchmal in den sauren Apfel beißen und mit den Römern zusammenarbeiten. Aber wenn wir uns an die Satzungen von Moses und die Weisungen der Propheten halten, dann wird uns letztlich Gott zum Erfolg verhelfen."

Ein Schriftgelehrter
„Wir helfen unseren Leuten, die Schrift zu verstehen und ins tägliche Leben zu übersetzen. Wenn alle in Israel nach der Schrift leben, dann wird es mit unserem Volk wieder bergauf gehen."

Ein Samariter
„Die Juden verachten uns als unrein, weil wir mit den Heiden verkehren und einen eigenen Jahwe-Tempel haben. Die Römer machen da keinen Unterschied. Sie behandeln uns nicht besser und nicht schlechter als die Juden. Ob wohl die Juden auch mal von ihrem hohen Ross herunterkommen?"

Ein Zelot
„Die Römer müssen hier raus, notfalls mit Gewalt. Nur so bekommen wir wieder ein freies und unabhängiges Israel."

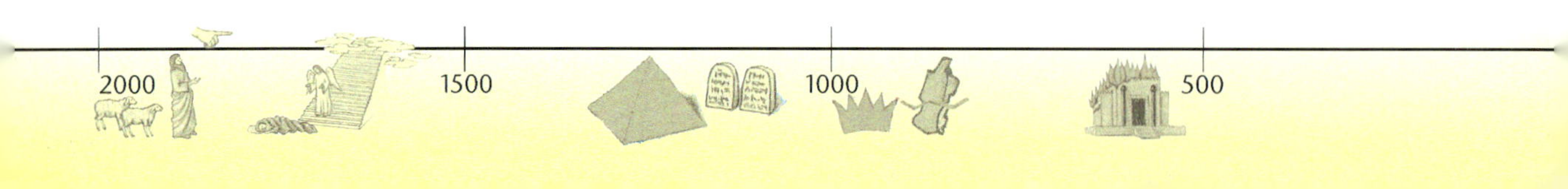

Ein Kranker
„Sie sagen, meine Sünden oder die Sünden meiner Väter seien die Ursache für meine Krankheit. Was hat meine Familie nur getan, dass Gott mich so straft?"

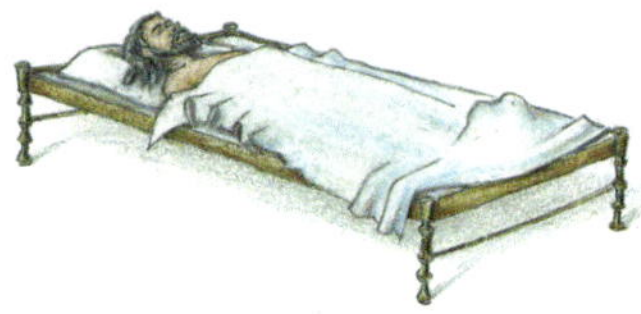

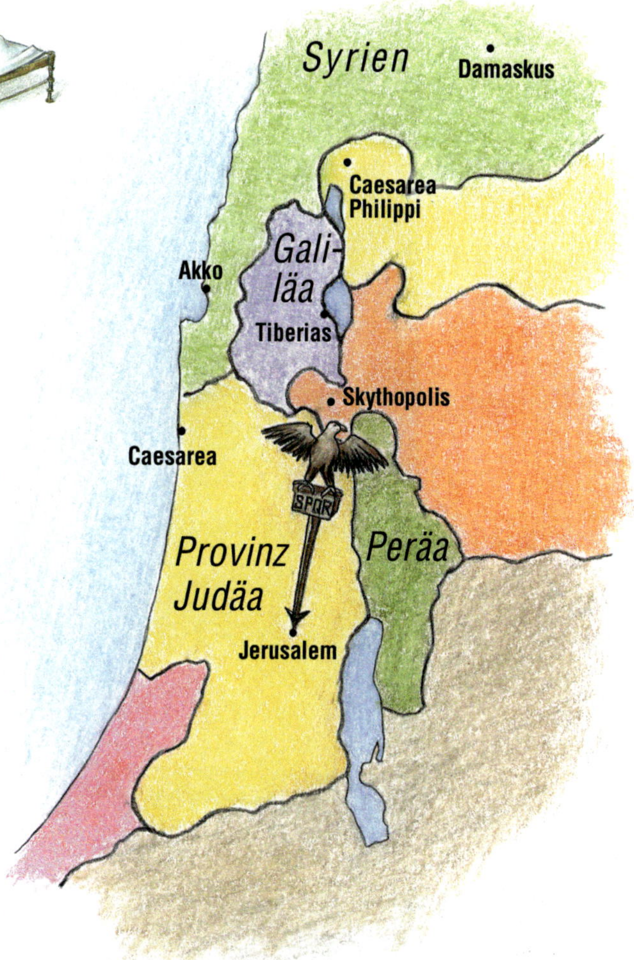

Ein Zöllner
„Auch wenn wir von unseren Landsleuten verachtet werden: Solange wir mit den Römern zusammenarbeiten, werden wir gute Geschäfte machen."

Pilatus, der Statthalter
„Der Kaiser will, dass ich für Ruhe und Ordnung sorge – egal wie. Doch hier in Jerusalem muss man immer mit einem Aufstand rechnen!"

Einfaches Volk
„Hoffentlich gibt es keinen Aufstand und keinen Krieg. Besonders wir einfachen Leute müssten darunter wieder besonders leiden!"

?!

- Welche Ziele haben die einzelnen Gruppierungen in Israel, mit welchen Methoden wollen sie diese Ziele erreichen?
- Welche Erwartungen werden wohl von den verschiedenen jüdischen Gruppierungen an Jesus herangetragen?
- Wie wird Jesus darauf reagieren? Wessen Wünsche wird er erfüllen?

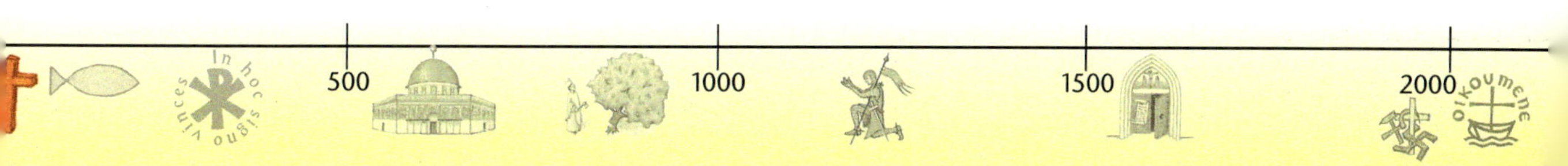

Matthias Grünewald: Johannes der Täufer (Ausschnitt aus Kreuzigungsbild des Isenheimer Altars), Öl auf Holz (etwa 1512–1516)

Anfang des Evangeliums von Jesus Christus, dem Sohn Gottes:

Es begann, wie es bei dem Propheten Jesaja steht: *Ich sende meinen Boten vor dir her; er soll den Weg für dich bahnen. Eine Stimme ruft in der Wüste: Bereitet dem Herrn den Weg! Ebnet* ihm *die Straßen!*

So trat Johannes der Täufer in der Wüste auf und verkündigte Umkehr und Taufe zur Vergebung der Sünden. Ganz Judäa und alle Einwohner Jerusalems zogen zu ihm hinaus; sie bekannten ihre Sünden und ließen sich im Jordan von ihm taufen. Johannes trug ein Gewand aus Kamelhaaren und einen ledernen Gürtel um seine Hüften und er lebte von Heuschrecken und wildem Honig. Er verkündete: Nach mir kommt einer, der ist stärker als ich; ich bin es nicht wert, mich zu bücken, um ihm die Schuhe aufzuschnüren. Ich habe euch nur mit Wasser getauft, er aber wird euch mit dem Heiligen Geist taufen.

In jenen Tagen kam Jesus aus Nazaret in Galiläa und ließ sich von Johannes im Jordan taufen. Und als er aus dem Wasser stieg, sah er, dass der Himmel sich öffnete und der Geist wie eine Taube auf ihn herabkam. Und eine Stimme aus dem Himmel sprach: *Du bist mein geliebter Sohn, an dir habe ich Gefallen gefunden.*

Danach trieb der Geist Jesus in die Wüste. Dort blieb Jesus vierzig Tage lang und wurde vom Satan in Versuchung geführt. Er lebte bei den wilden Tieren und die Engel dienten ihm.

Nachdem man Johannes ins Gefängnis geworfen hatte, ging Jesus wieder nach Galiläa; er verkündete das Evangelium Gottes und sprach: *Die Zeit ist erfüllt, das Reich Gottes ist nahe. Kehrt um, und glaubt an das Evangelium!*

(Mk 1,1-15)

?!

- Was erfährt der Leser in diesem Text über Johannes den Täufer, was über Jesus?
- Welche Gemeinsamkeiten, welche Unterschiede sind zu erkennen?
- Welche Art von Befreiung klingt in der Prophezeiung des Johannes an?

?!

Betrachtet das Bild auf der linken Seite:

- Was ist auf dem Bild dargestellt (Person, Symbole ...)?
- Welche Farben und Kontraste verwendet der Künstler – warum?
- Wohin möchte der Künstler den Blick des Betrachters lenken? Stellt Vermutungen an und seht euch dann das ganze Tafelbild des Isenheimer Altars auf der einleitenden Bilddoppelseite 28/29 an!

Der Text auf dem Bild lautet: „Illum oportet crescere, me autem minui."
Das heißt übersetzt: „Jenem gebührt es zu wachsen, mir aber kleiner zu werden."

- Vergleicht diese Aussage mit den Auszügen von Mk 1,1-15! Was bedeutet dieser Satz?
- Versucht, die einzelnen Elemente und Symbole des Bildes (Buch, Kleidung, Hintergrund) zu deuten! Wofür steht das Lamm mit Kreuz und Kelch?

Johannes der Täufer war schon lange vor der Kreuzigung Jesu von König Herodes ermordet worden. Wenn Matthias Grünewald ihn trotzdem auf den Gekreuzigten zeigen lässt, so spannt er mit diesem Altarbild einen kühnen Bogen vom Anfang bis zum Ende der öffentlichen Wirksamkeit Jesu.

- Stellt zusammen, welche Ereignisse aus dem Leben Jesu ihr bereits kennt!

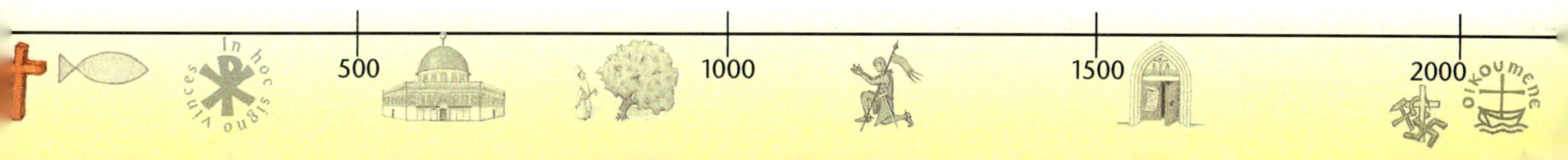

?!

- Beschreibt die Farbgebung und die Kontraste in diesem Bild!
- Welche Personen und Gegenstände sind abgebildet?
  Welche Bildachsen sind zu erkennen?
- Welche Form hat der Körper des Auferstandenen? Wie wirkt die Gestaltung des Leichentuches Jesu auf euch?
- Was möchte der Künstler durch die Fuß-/Handhaltung Jesu zum Ausdruck bringen?
- Warum schwebt Jesus?

Matthias Grünewald: Auferstehung (Isenheimer Altar), Öl auf Holz (etwa 1512–1516)

Für die einen war Jesus ein Scharlatan oder ein Verräter, für die anderen war er der von Gott gesandte Messias. Doch egal, welcher Seite man angehörte, die Kreuzigung Jesu bildete für alle eine Zäsur.

?!

- Beschreibt diese Zäsur aus den unterschiedlichen Perspektiven!

Was sich dann aber an Ostern ereignete, war auch für die Freunde und Anhänger Jesu zunächst nur schwer zu begreifen:

Als der Sabbat vorüber war, kauften Maria aus Magdala, Maria, die Mutter des Jakobus, und Salome wohlriechende Öle, um damit zum Grab zu gehen und Jesus zu salben.

Am ersten Tag der Woche kamen sie in aller Frühe zum Grab, als eben die Sonne aufging. Sie sagten zueinander: Wer könnte uns den Stein vom Eingang des Grabes wegwälzen?

Doch als sie hinblickten, sahen sie, dass der Stein schon weggewälzt war; er war sehr groß. Sie gingen in das Grab hinein und sahen auf der rechten Seite einen jungen Mann sitzen, der mit einem weißen Gewand bekleidet war; da erschraken sie sehr.

Er aber sagte zu ihnen: Erschreckt nicht! Ihr sucht Jesus von Nazaret, den Gekreuzigten. Er ist auferstanden; er ist nicht hier. Seht, da ist die Stelle, wo man ihn hingelegt hatte. Nun aber geht und sagt seinen Jüngern, vor allem Petrus: Er geht euch voraus nach Galiläa; dort werdet ihr ihn sehen, wie er es euch gesagt hat.

Da verließen sie das Grab und flohen; denn Schrecken und Entsetzen hatte sie gepackt. Und sie sagten niemand etwas davon; denn sie fürchteten sich.

(Mk 16,1-8)

?!

- Schrecken, Entsetzen und Furcht – mit diesen Eindrücken vom Ostergeschehen endete ursprünglich das älteste Evangelium. Wie lassen sich diese Empfindungen erklären?

Matthias Grünewald hat auf einer Seitentafel des Isenheimer Altars versucht, die Auferstehung bildlich darzustellen (s. linke Seite). Er stützte sich dabei auf die Schilderung des Matthäus-Evangeliums.

?!

- Vergleicht Mt 27,62-28,10 mit Mk 16,1-8!
  Sucht nach Erklärungsansätzen für die Unterschiedlichkeit der Darstellung!

Die Osterberichte der Evangelien zeigen auch die Schwierigkeiten der Jünger mit der Deutung der Osterereignisse. Die Hoffnung auf das von Jesus verheißene Reich Gottes war zwar nicht am Kreuz gestorben. Wem Jesus nach seiner Auferstehung erschienen war, der wusste: Es ist nicht aus! Jesus lebt und die Hoffnung lebt mit ihm. Doch aus dieser Glaubensgewissheit heraus stellten sich neue Fragen. Vieles von dem, was Jesus gesagt und getan hatte, erschien im Rückblick auf Kreuz und Auferstehung in einem völlig neuen Licht.

Wie war somit die Botschaft Jesu richtig zu verstehen? Und wie sollte man sie weitertragen?

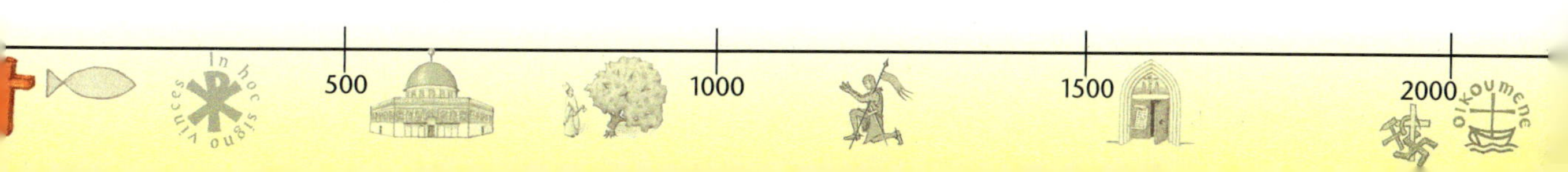

1. Jesus hat selbst kein Buch geschrieben. Ab ca. 30 n. Chr. verkündete er bis zu seinem Tod am Kreuz als Wanderprediger die frohe Botschaft vom Reich Gottes.
2. Die Jünger und Apostel erzählen nach der Sendung des Hl. Geistes beim Pfingstfest (ab ca. 33 n. Chr.) die Botschaft Jesu mündlich weiter: Sie besuchen jüdische Gottesdienste, führen Streitgespräche mit Juden und Heiden und berichten über die Worte und Taten Jesu, seine Predigt vom Anbruch des Reiches Gottes, über seinen Tod und seine Auferstehung.

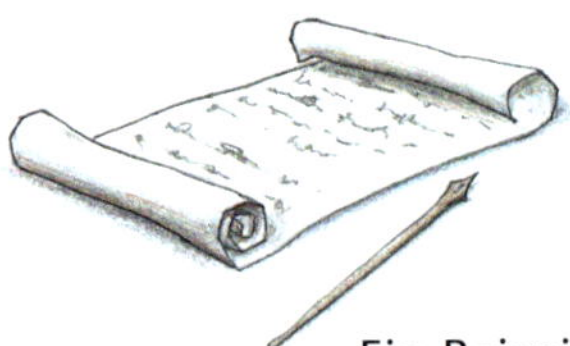

3. Um 50 n. Chr. sind die ersten Augenzeugen bereits tot. Daher schreiben einzelne Anhänger der neuen Lehre kleinere Predigten und Vorträge, die sie über Jesus gehört haben, auf.

Ein Beispiel für eine solche, dem Apostel Petrus zugeschriebene Predigt hat der Evangelist Lukas in der Apostelgeschichte überliefert:

> Ihr wisst, was im ganzen Land der Juden geschehen ist, angefangen in Galiläa, nach der Taufe, die Johannes verkündet hat: wie Gott Jesus von Nazaret gesalbt hat mit dem Heiligen Geist und mit Kraft, wie dieser umherzog, Gutes tat und alle heilte, die in der Gewalt des Teufels waren; denn Gott war mit ihm. Und wir sind Zeugen für alles, was er im Land der Juden und in Jerusalem getan hat. Ihn haben sie an den Pfahl gehängt und getötet.
> Gott aber hat ihn am dritten Tag auferweckt und hat ihn erscheinen lassen, zwar nicht dem ganzen Volk, wohl aber den von Gott vorherbestimmten Zeugen: uns, die wir mit ihm nach seiner Auferstehung von den Toten gegessen und getrunken haben. Und er hat uns geboten, dem Volk zu verkündigen und zu bezeugen: Das ist der von Gott eingesetzte Richter der Lebenden und der Toten. Von ihm bezeugen alle Propheten, dass jeder, der an ihn glaubt, durch seinen Namen die Vergebung der Sünden empfängt.
> *(Apg 10,37-43)*

4. Nach dem Tod der Apostel und Jünger (ca. 50–100 n. Chr.) sammeln die Evangelisten alle verfügbaren mündlichen und schriftlichen Zeugnisse und Berichte über Jesus, ordnen sie und schreiben sie auf.

Von der Quellensammlung zum fertigen Bericht – Redaktionsaufgaben heute

Phase A:
Informationen sammeln

Phase B:
Quellen auswählen

Phase C:
Texte neu gestalten und kommentieren

?! • Versucht, euch die Arbeit eines Evangelisten in den Phasen A–C vorzustellen!

?!

- Hier seht ihr den Schreibtisch von Markus, dem ersten Evangelisten. Wie könnte man in seine Arbeit Ordnung hineinbringen?
- Wie könnte das Ergebnis aussehen, wenn man eine ähnliche Grundstruktur wie in der Predigt des Petrus (siehe linke Seite) zugrunde legen würde?
- Nehmt das Neue Testament zur Hand und vergleicht eure Vorschläge mit der von Markus gewählten Anordnung!

Gruseln stellt sich ein, wenn die Helden in einem Abenteuerfilm eine finstere Höhle betreten. Der Zuschauer weiß allein durch den gewählten Schauplatz: Das kann nicht gut gehen, hier lauern tückische Gefahren!

Orte sind in Erzählungen meist nicht beliebig gewählt. Sie spielen mit einem Vorwissen des Zuschauers oder Lesers, weil dieser aus Erfahrung mit bestimmten Orten besondere Vorstellungen verbindet. Orte lösen Assoziationen aus – noch bevor sich die eigentliche Handlung abzuspielen beginnt.

Der Evangelist Markus arbeitet sehr gezielt mit diesem Stilmittel. Sein Evangelium ist voll von Ortsangaben, wozu nicht nur Namen wie Nazaret oder Jerusalem, sondern auch allgemeine geographische Angaben wie „Wüste" oder „Weg" zählen. Markus stellt die von ihm gesammelten Einzelüberlieferungen so zu einer fortlaufenden Erzählung zusammen, dass fünf symbolträchtige Ortsangaben die Gliederungspunkte liefern.

Den Mittelteil seiner Erzählung bildet der Weg Jesu von Galiläa nach Jerusalem, um den sich wie ein innerer und äußerer Rahmen die weiteren Teile legen.

Die Gliederung des Markusevangeliums

	1,1 Titel	
I	1,2-13 Wüste	A
	1,14-15 Übergang	
II	1,16-8,21 Galiläa	B
	8,22-26 blind ➔ sehend	
III	8,27-10,45 Weg	C
	10,46-52 blind ➔ sehend	
IV	11,1-15,39 Jerusalem	B'
	15,40-41 Übergang	
V	15,42-16,8 Grab	A'

„Wüste" und „Grab" bilden somit den äußeren Rahmen des Markusevangeliums. Beides sind lebensfeindliche Orte, Symbole des Todes, die Jesus zu Beginn und am Ende des Evangeliums überwindet. Während seiner 40 Tage in der Wüste, wo er vom Satan in Versuchung geführt wird, überlebt er unter wilden Tieren, Engel dienen ihm. Und am Ende seines Wirkens ist nur der leere Platz im Grab zu sehen, er selbst ist auferstanden.

Sowohl die Wüste als auch das Grab werden als Durchgangsstationen geschildert. Die Taufe Jesu im Jordan und seine Auferstehung in Jerusalem zeigen, wie im Angesicht der Todesmächte neues Leben entsteht.

Der Hauptteil des Evangeliums ist geprägt vom Gegensatz zwischen Galiläa und Jerusalem. In Galiläa spielt sich das öffentliche Wirken Jesu ab: Dort zieht er umher, lehrt, treibt Dämonen aus und wirkt Wunder. Jetzt ist die Zeit, wo die Heilszusage „Das Reich Gottes ist nahe!" in Erfüllung gehen soll. Diese Zeit beschreibt Markus äußerst dynamisch. Die Kunde von der Botschaft Jesu verbreitet sich wie ein Lauffeuer, die Menschen strömen aus allen Richtungen zum Mann aus Nazaret, das hohe Tempo, mit dem Jesus von Ort zu Ort eilt, macht fast schwindlig. Es entsteht das Bild eines Mannes, der rastlos umherzieht und sich der Begeisterung seiner Mitmenschen kaum entziehen kann.

Dieses beinahe idyllische Leben in Galiläa wird jäh beendet, wenn sich ab Kapitel 11 der Schauplatz nach Jerusalem verlagert. Die Zeit der Heilungen und Wunder scheint vorbei zu sein. War Galiläa die Region, wo neues Leben aufbricht, so wird Jerusalem zum Ort des Todes. Dabei geht nicht nur der Weg Jesu dort zu Ende, auch der Stadt selbst wird ihr Untergang angekündigt.

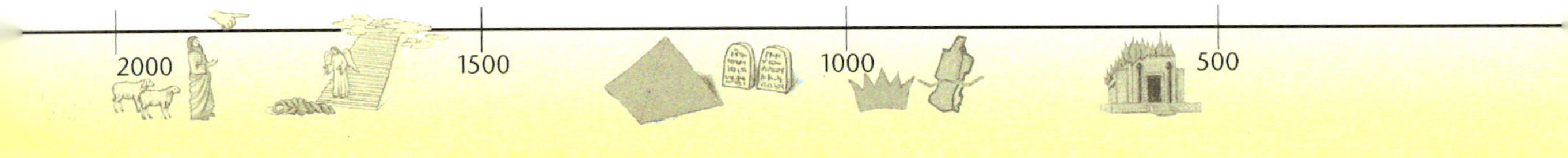

Modell von Jerusalem zur Zeit Jesu

Dieser Gegensatz zwischen der Provinz Galiläa und der Hauptstadt Jerusalem wird von Markus bewusst in Szene gesetzt. Bereits auf dem Weg nach Jerusalem haben die Jünger Angst, Jesus kündigt sein Leiden und Sterben in dieser Stadt frühzeitig an. So beginnt auch der Leser bereits zu zittern, bevor Jesus mit seinen Gefährten diese unheilvolle Stadt überhaupt erreicht hat. Wenn die Gruppe um Jesus, die nahe Jerusalem Quartier bezieht, sich dann jeden Morgen durch die Stadttore hinein auf den Weg zum Tempel macht und die Stadt am Abend wieder auf dem gleichen Weg verlässt, erscheint Jerusalem dem Leser wie eine Falle, deren Fangklappe öfters passiert wird, bevor sie schließlich endgültig zuschnappt.

Zwischen Galiläa und Jerusalem liegt „der Weg". Bereits am Beginn des Evangeliums sollte der „Weg gebahnt" werden (Mk 1,2). Dabei ist dieser Weg nicht nur Rahmenhandlung, sondern zugleich zentrales Thema der Erzählung, auf das Markus das Interesse der Leser richten möchte. Mit Vers 8,27 fällt das Startsignal, dass dieser Weg nun auch beschritten wird. Jesus spricht hier erstmals über seinen eigenen Leidensweg und er spricht über den Weg seiner Jüngerinnen und Jünger: „Wer mein Jünger sein will, der verleugne sich selbst, nehme sein Kreuz und folge mir nach. Denn wer sein Leben retten will, wird es verlieren; wer aber sein Leben um meinetwillen und um des Evangeliums willen verliert, wird es retten." (Mk 8,34 f.)

Gerahmt wird der Weg nach Jerusalem durch zwei Blindenheilungen. Die erste gelingt erst im zweiten Anlauf, vielleicht eine Anspielung auf die „Blindheit" der Jünger, von der Markus immer wieder erzählt. Die zweite zeigt dann jedoch vollen Erfolg: Der blinde Bartimäus wird nicht nur sehend, sondern folgt Jesus auch sofort nach auf seinem Weg nach Jerusalem. Als wahrer Jünger ist er dazu bereit, Jesu Weg zu Leid und Tod sehenden Auges selbst nachzugehen.

Diese Interpretation „des Weges" lässt nun auch Vermutungen darüber zu, weshalb Markus sein Evangelium überhaupt schrieb: Christliche Gemeinden hatten im Umfeld des jüdischen Aufstands gegen die Römer, der im Jahr 70 n. Chr. mit der Zerstörung Jerusalems endete, unter diversen Verfolgungsmaßnahmen zu leiden. Dies stellte den Glauben an die baldige glorreiche Wiederkunft des siegreich auferstandenen Gottessohns auf eine harte Probe. Möglicherweise wollte Markus seinen verunsicherten Glaubensbrüdern deshalb zeigen, dass zur Nachfolge Jesu immer auch die Bereitschaft zur Nachfolge im Leiden gehört.

Am Ende des ältesten Evangeliums stand ursprünglich die hoffnungsvolle Perspektive: „Er geht euch voraus nach Galiläa; dort werdet ihr ihn sehen, wie er es euch gesagt hat." (Mk 16,7) In ihrer jeweiligen Heimat können die Leser somit das heilvolle Wirken der Anfangszeit auf dem (Leidens-)Weg, den Jesus vorangegangen ist, fortsetzen – hierzu will sie das älteste Evangelium ermutigen.

?!

- Versucht, den zentralen Orten des Markusevangeliums jeweils möglichst viele passende Adjektive zuzuordnen!
- Erläutert, warum das Markusevangelium nicht als eine Biographie von Jesus, sondern als ein Glaubenszeugnis früher Christen zu verstehen ist!
- Lest mit dem Hintergrundwissen dieser Doppelseite innerhalb der nächsten 14 Tage das gesamte Markusevangelium!

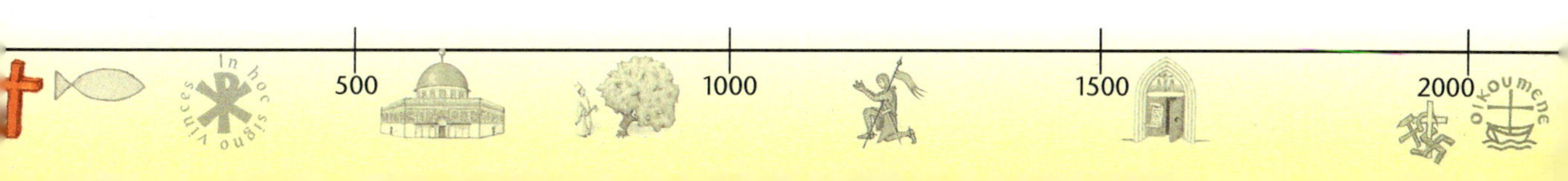

Mit seinen Worten und Taten, die von der Nähe des Reiches Gottes künden, sät Jesus wie ein Sämann kleine Samenkörner der Hoffnung aus.

Jesus meint mit dem Reich Gottes nicht eine Lebensform nach dem Tod, sondern eine zum Besseren veränderte diesseitige Welt. Seine Reden und Wunder geben gleichsam einen Vorgeschmack auf eine Welt, in der es keine Gewalt, keinen Missbrauch, keine Ungerechtigkeit mehr gibt, dafür aber Liebe, Treue, Frieden und Fürsorge im Übermaß.

Vincent van Gogh: Der Sämann, Öl auf Leinwand (1889/90)

In vielen Vergleichen und Beispielen erklärt Jesus, was „Reich Gottes" alles bedeuten kann:

- Gottes Reich ist mehr und etwas anderes, als was wir aus eigener Kraft selbst schaffen können.
- Es ist überall dort, wo Gottes Wille erfüllt und seine Liebe angenommen und weitergegeben wird.
- Es kommt zuerst und insbesondere zu den Armen und Bedürftigen.
- Es fängt klein und unscheinbar an und wird sich über alle unsere Vorstellungen hinaus entfalten und vollenden.

?!

- Lest die auf der rechten Seite aufgeführten Perikopen aus dem Markusevangelium zu Ende und untersucht, welcher Aspekt des Reiches Gottes hier jeweils besonders zum Ausdruck kommt!
- Untersucht bei eurer eigenen Lektüre des Markusevangeliums weitere Perikopen unter dieser Fragestellung!
- Illustriert die Vaterunser-Bitte „Dein Reich komme, dein Wille geschehe" mit zeitgemäßen Bildern!
- Formuliert für unsere heutige Zeit „moderne Reich-Gottes-Erzählungen"!

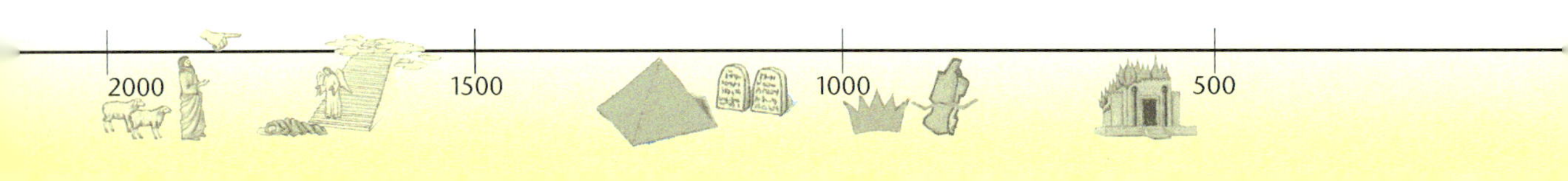

An einem Sabbat ging er durch die Kornfelder und unterwegs rissen seine Jünger Ähren ab … 📖

Mk 2,23-28

Jesus fuhr im Boot wieder ans andere Ufer hinüber und eine große Menschenmenge versammelte sich um ihn. Während er noch am See war, kam ein Synagogenvorsteher namens Jaïrus zu ihm. Als er Jesus sah, fiel er ihm zu Füßen und flehte ihn um Hilfe an; er sagte: Meine Tochter liegt im Sterben. Komm und leg ihr die Hände auf, damit sie wieder gesund wird und am Leben bleibt … 📖 *Mk 5,21-43*

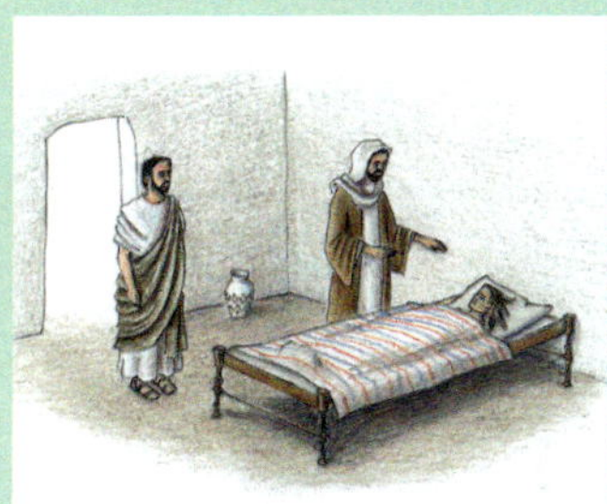

Da kamen Pharisäer zu ihm und fragten: Darf ein Mann seine Frau aus der Ehe entlassen? Damit wollten sie ihm eine Falle stellen. Er antwortete ihnen: Was hat euch Mose vorgeschrieben? Sie sagten: Mose hat erlaubt, eine Scheidungsurkunde auszustellen und (die Frau) aus der Ehe zu entlassen. Jesus entgegnete ihnen: Nur weil ihr so hartherzig seid, hat er euch dieses Gebot gegeben … 📖

Mk 10,2-12

Ein Aussätziger kam zu Jesus und bat ihn um Hilfe; er fiel vor ihm auf die Knie und sagte: Wenn du willst, kannst du machen, dass ich rein werde … 📖 *Mk 1,40-45*

Er sagte: Womit sollen wir das Reich Gottes vergleichen, mit welchem Gleichnis sollen wir es beschreiben? Es gleicht einem Senfkorn … 📖 *Mk 4,30-32*

In jenen Tagen waren wieder einmal viele Menschen um Jesus versammelt. Da sie nichts zu essen hatten, rief er die Jünger zu sich und sagte: Ich habe Mitleid mit diesen Menschen … 📖

Mk 8,1-10

Ein Schriftgelehrter hatte ihrem Streit zugehört; und da er bemerkt hatte, wie treffend Jesus ihnen antwortete, ging er zu ihm hin und fragte ihn: Welches Gebot ist das erste von allen? Jesus antwortete: … 📖 *Mk 12,28-34*

📖 = zum Weiterlesen

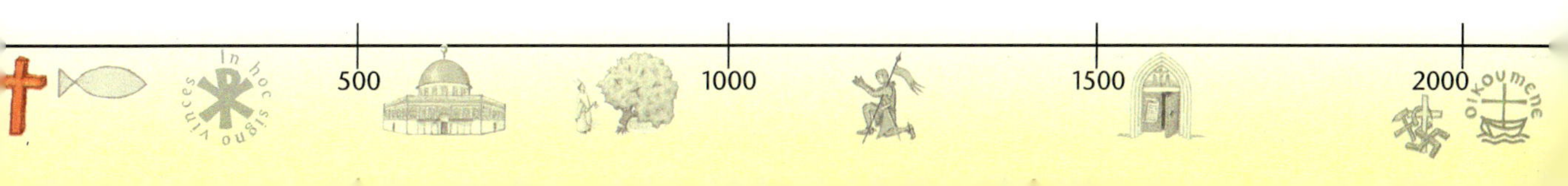

Möglichkeiten der Gleichnisdeutung – Analyse nach Bild- und Sachhälfte

Ein Beispiel: Mk 4,2-9: Das Gleichnis vom Sämann

Er sagte zu ihnen: Hört! Ein Sämann ging aufs Feld, um zu säen. Als er säte, fiel ein Teil der Körner auf den Weg und die Vögel kamen und fraßen sie. Ein anderer Teil fiel auf felsigen Boden, wo es nur wenig Erde gab, und ging sofort auf, weil das Erdreich nicht tief war; als aber die Sonne hochstieg, wurde die Saat versengt und verdorrte, weil sie keine Wurzeln hatte. Wieder ein anderer Teil fiel in die Dornen und die Dornen wuchsen und erstickten die Saat und sie brachte keine Frucht. Ein anderer Teil schließlich fiel auf guten Boden und brachte Frucht; die Saat ging auf und wuchs empor und trug dreißigfach, ja sechzigfach und hundertfach. Und Jesus sprach: Wer Ohren hat zum Hören, der höre!

Wie Jesus wirklich sprach, wissen wir nicht. Gemäß der biblischen Überlieferung gebrauchte er oft Gleichnisse, wenn er zeigen wollte, wie das neu anbrechende Reich Gottes die Lebenswirklichkeit verändern würde.
Er begann seine Gleichnisse dabei mit einer Eröffnungsformel, die signalisierte: Achtung, jetzt bitte besonders hinhören! Im Anschluss daran schilderte er meist Vorgänge, die den Zuhörern aus ihrem eigenen Leben bekannt waren: vom Aussäen, vom Ernten, vom Suchen oder vom Finden. Hinter diesen alltäglichen Geschehnissen verbirgt sich jedoch eine tiefer liegende Wirklichkeit, ein Anliegen, welchem der Zuhörer oder Leser auf die Spur kommen soll.

Oftmals werden die Gleichnisse Jesu *didaktisch* ausgelegt. Jesus wird dabei als Lehrmeister gesehen, der seine Botschaft in Bildworte verpackt. Aufgabe der Gleichnisinterpretation ist es dann, die Bildworte so zu entschlüsseln, dass sich die *zeitlos gültige* Aussageabsicht Jesu erkennen lässt. Ein wichtiges Hilfsmittel hierzu ist die Unterscheidung zwischen einer Bildhälfte und einer Sachhälfte des Gleichnisses.

Eine Analyse des Gleichnisses vom Sämann könnte dann so aussehen:

Einleitender Appell: Hört!

Bildhälfte	**Sachhälfte**
Sämann	Jesus
Same	Botschaft, Wort Jesu
Körner am Weg von den Vögeln gefressen →	Botschaft wird zwar angenommen, aber von Widersachern abgeworben
Körner auf felsigem Boden →	Botschaft wird zwar angenommen, aber schnell wieder vergessen
Körner in Dornen →	Botschaft wird zwar angenommen, aber nur, bis Probleme auftauchen
Körner auf gutem Boden bringen hundertfache Frucht →	Gläubige, die Jesu Botschaft hören und in ihrem Leben fruchtbar machen

Schlussappell – Weckruf:
Um das Reich Gottes in seinem Leben Wirklichkeit werden zu lassen, braucht man eine gehörige Portion Durchhaltevermögen!

Möglichkeiten der Gleichnisdeutung – Metaphorische Deutung

Gleichnisse können jedoch auch *metaphorisch* (bildlich) gedeutet werden. Die poetische Bildlichkeit des Gleichnisses soll hierbei in ihrer Ganzheit erfasst werden, auf eine eindeutige Begriffsdeutung wird verzichtet. Bei der Suche nach dem Sinn des Erzählten lautet die entscheidende, *stets neue* Anfrage an den Leser: Wo komme *ich* in der erzählten Welt des Gleichnisses vor? Wo und wie kommt die erzählte Geschichte in *meinem* Leben zum Tragen?

Bei einer solchen Deutung kann die Anfertigung einer so genannten Mind-Map hilfreich sein.

- Nimm ein Blatt Papier und zeichne unter der Überschrift „Ein Sämann ging aufs Feld, um zu säen“ in die Mitte des Blattes einen Sämann oder einen Acker.
- Schreibe oder zeichne dann in Ruhe alle Gedanken, die du mit der Szenenfolge des Gleichnisses verbindest, auf das Blatt. Weiterführende Gedanken werden in beliebiger Anzahl und Verästelung angebunden. Auf diese Weise entsteht eine Art „Landkarte“ deiner Gedanken!
- Besondere Sorgfalt solltest du auf die Gestaltung der „Ich“-Äste und damit auf die Anbindung zu deiner eigenen Lebenswelt legen.
- Tausche mit mindestens einem Klassenkameraden deine „Mind-Map“ aus! Dabei soll jeder dem anderen mitteilen, was ihn an dessen Karte am meisten anspricht bzw. verwundert.

„Ein Sämann ging aufs Feld, um zu säen.“

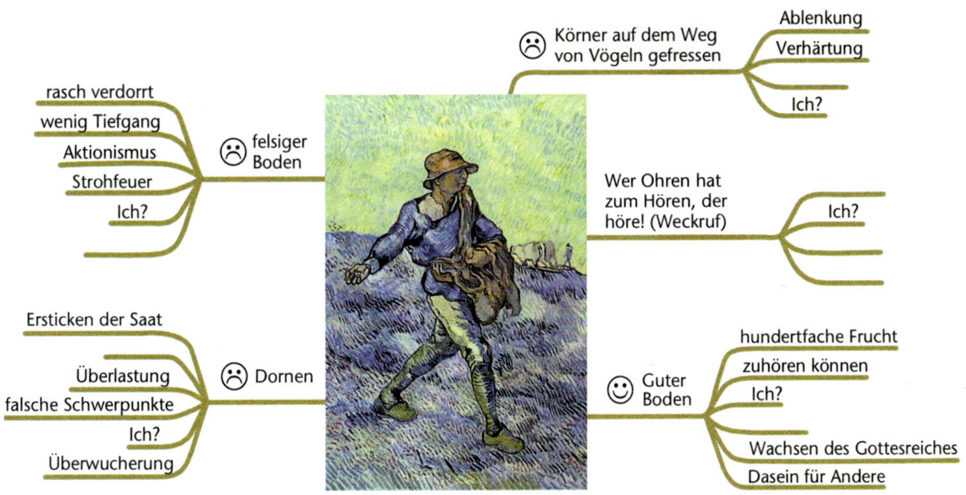

Ein Sämann ging aufs Feld, um zu säen.

- Wo findet ihr euch im Gleichnis vom Sämann wieder? Erstellt selbst eine **vollständige** Mind-Map!

Gottes Liebe zeigt sich darin, dass er in Jesus Christus Mensch geworden ist. Diese Liebe offenbart sich nicht nur in Jesu Worten, sondern auch in seinen Taten, wie z. B. in der Heilung eines Aussätzigen.

Mk 1,40-45: Heilung des Aussätzigen

Die Situation

Und es kommt ein Aussätziger zu ihm, bittet ihn und kniet nieder und spricht zu ihm: Wenn du willst, kannst du mich reinigen.

Das Handeln Jesu

Und er war innerlich bewegt und streckte seine Hand aus, rührte ihn an und spricht zu ihm: Ich will. Sei gereinigt!

Die Folge

Und sogleich wich der Aussatz von ihm, und er war gereinigt.

Der Auftrag

Und er schickte ihn sogleich fort und schärfte ihm ein: Sieh zu, sage niemand etwas! Sondern geh hin, zeige dich den Priestern und opfere für deine Reinigung, was Mose geboten hat, ihnen zu einem Zeugnis!

Die Reaktion der Leute

Der aber ging weg und fing an, die Sache eifrig zu verkünden und auszubreiten, sodass Jesus nicht mehr öffentlich in die Stadt gehen konnte; sondern er war draußen an einsamen Orten, und sie kamen von allen Seiten zu ihm.

In dieser Erzählung von der Heilung eines Aussätzigen steht sicher das heilende Wort Jesu im Mittelpunkt. Doch was ist der Hintergrund der Erzählung?

Gott will nach Angaben des AT ein „reines Volk" haben (lies dazu Lev 19,1). Wer aber Aussatz hat und unrein ist, der wird von der Gemeinschaft ausgeschlossen und von ihr gemieden. Er ist wie ein Toter, er ist draußen:
- außerhalb der Stadt,
- außerhalb jeder Gemeinschaft,
- außerhalb der Religion,
- außerhalb des Lebens.

Die Befreiung vom Aussatz ist daher wie eine Art Totenerweckung. Sie ist außergewöhnlich und etwas, was nur Gott möglich ist.

Der Aussätzige, der zu Jesus kommt, beweist nun sehr großes Vertrauen. Und er wird auch sofort geheilt, ohne Wartefrist. Das kann nur bedeuten: Gott ist mit Jesus.

Jesus nimmt dabei aber auch das Gesetz sehr ernst. Daher fordert er den Geheilten auf, das vorgeschriebene Reinigungsopfer zu erfüllen.

Gleichzeitig verbietet Jesus dem Geheilten, von dem Geschehen weiterzuerzählen. Er handelt also nicht aus Sensationslust, sondern zum Wohl des Menschen. Das aufgeregte Gerede des Geheilten drängt Jesus jedoch ins Abseits.

- Wie wird Jesus in dieser Perikope dargestellt?
- Worin besteht auch bei dieser Wunderheilung der Bezug zur Reich-Gottes-Botschaft Jesu?
- Was könnte dies für uns bedeuten, da wir uns ja Jesus in seinem Handeln zum Vorbild nehmen sollen?

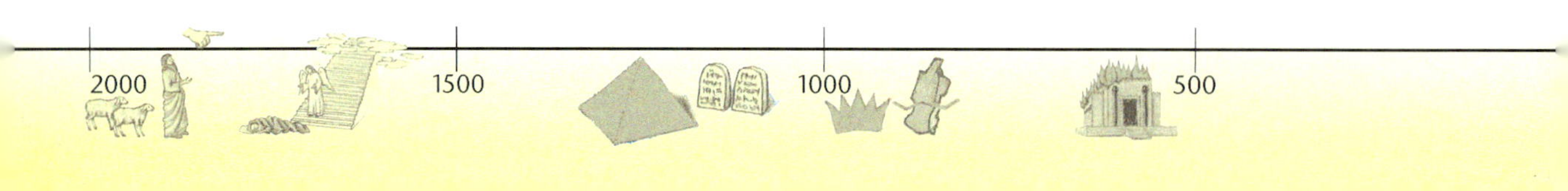

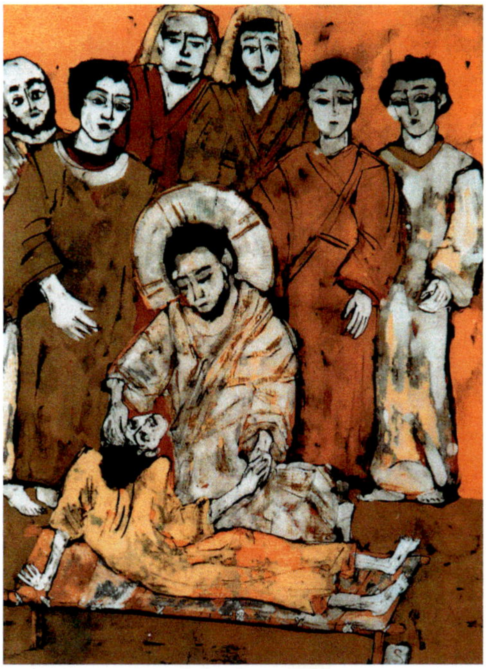

Anne Seifert: Heilung eines Gelähmten

Die Hoffnung des Kranken richtet sich auf das heilende Wort Jesu. Doch diesmal geht Jesus weiter: Er befreit nicht nur von dem körperlichen Leiden, sondern auch von einem Leiden, das auf der Seele lastet: von der Sünde. Weil das aber nur Gott durfte, murren und lästern die Schriftgelehrten.

?!

- Stellt die Szene in Form einer „kommentierten Pantomime" dar!
- Welche Heilungswünsche hättest du an Jesus? Schreibe sie auf das Bild einer Bahre!
- Welche „Dächer" würdest du abdecken, um an Jesus heranzukommen?

Lies den Text Mk 2,1-12: Heilung eines Gelähmten

Gliedere die Erzählung von der Heilung eines Gelähmten in folgende oben verwendete Teile:

1. Situation
2. Handeln Jesu
3. Folge
4. Auftrag
5. Reaktion der Leute

Beachte: Manche Elemente können dabei mehrmals wiederkehren.

Jesus heilt einen Aussätzigen, byzantinische Malerei aus einem Codex (12. Jh.)

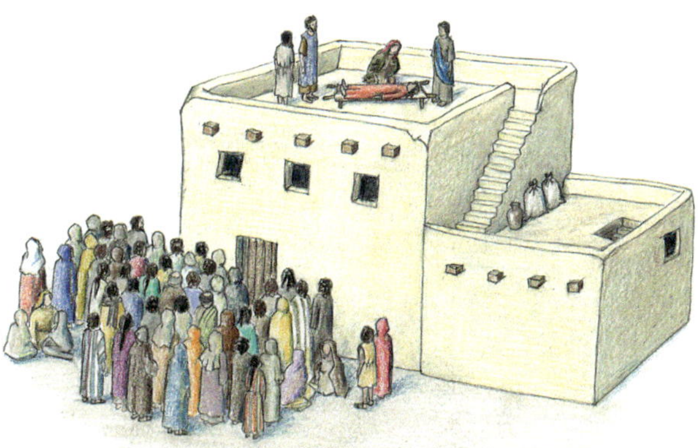

Der Kranke wird auf eine spektakuläre Art zu Jesus gebracht. Er wird durch das Dach hinuntergelassen.

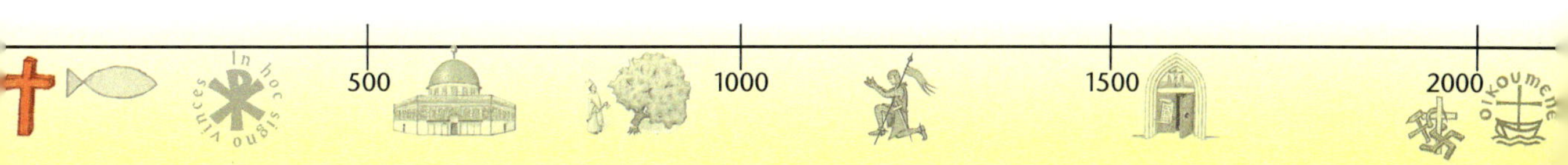

Neben Markus haben natürlich auch die anderen Evangelisten die Botschaft Jesu weitergetragen. Untersucht die folgenden Texte von der Gefangennahme Jesu auf Gemeinsamkeiten und Unterschiede:

Matthäus 26,47-56	**Markus 14,43-52**	**Lukas 22,47-53**
Während er noch redete, kam Judas, einer der Zwölf, mit einer großen Schar von Männern, die mit Schwertern und Knüppeln bewaffnet waren; sie waren von den Hohenpriestern und den Ältesten des Volkes geschickt worden.	Noch während er redete, kam Judas, einer der Zwölf, mit einer Schar von Männern, die mit Schwertern und Knüppeln bewaffnet waren; sie waren von den Hohenpriestern, den Schriftgelehrten und den Ältesten geschickt worden.	Während er noch redete, kam eine Schar Männer; Judas, einer der Zwölf, ging ihnen voran.
Der Verräter hatte mit ihnen ein Zeichen verabredet und gesagt: Der, den ich küssen werde, der ist es; nehmt ihn fest.	Der Verräter hatte mit ihnen ein Zeichen vereinbart und gesagt: Der, den ich küssen werde, der ist es. Nehmt ihn fest, führt ihn ab und lasst ihn nicht entkommen.	
Sogleich ging er auf Jesus zu und sagte: Sei gegrüßt, Rabbi! Und er küsste ihn.	Und als er kam, ging er sogleich auf Jesus zu und sagte: Rabbi! Und er küsste ihn.	Er näherte sich Jesus, um ihn zu küssen. Jesus aber sagte zu ihm: Judas, mit einem Kuss verrätst du den Menschensohn?
Jesus erwiderte ihm: Freund, dazu bist du gekommen? Da gingen sie auf Jesus zu, ergriffen ihn und nahmen ihn fest.	Da ergriffen sie ihn und nahmen ihn fest.	Als seine Begleiter merkten, was (ihm) drohte, fragten sie: Herr, sollen wir mit dem Schwert dreinschlagen?
Doch einer von den Begleitern Jesu zog sein Schwert, schlug auf den Diener des Hohenpriesters ein und hieb ihm ein Ohr ab.	Einer von denen, die dabeistanden, zog das Schwert, schlug auf den Diener des Hohenpriesters ein und hieb ihm ein Ohr ab.	Und einer von ihnen schlug auf den Diener des Hohenpriesters ein und hieb ihm das rechte Ohr ab.
Da sagte Jesus zu ihm: Steck dein Schwert in die Scheide; denn alle, die zum Schwert greifen, werden durch das Schwert umkommen. Oder glaubst du nicht, mein Vater würde mir sogleich mehr als zwölf Legionen Engel schicken, wenn ich ihn darum bitte? Wie würde dann aber die Schrift erfüllt, nach der es so geschehen muss?		Jesus aber sagte: Hört auf damit! Und er berührte das Ohr und heilte den Mann.
Darauf sagte Jesus zu den Männern: Wie gegen einen Räuber seid ihr mit Schwertern und Knüppeln ausgezogen, um mich festzunehmen. Tag für Tag saß ich im Tempel und lehrte und ihr habt mich nicht verhaftet. Das alles aber ist geschehen, damit die Schriften der Propheten in Erfüllung gehen.	Da sagte Jesus zu ihnen: Wie gegen einen Räuber seid ihr mit Schwertern und Knüppeln ausgezogen, um mich festzunehmen. Tag für Tag war ich bei euch im Tempel und lehrte und ihr habt mich nicht verhaftet; aber (das ist geschehen), damit die Schrift in Erfüllung geht.	Zu den Hohenpriestern aber, den Hauptleuten der Tempelwache und den Ältesten, die vor ihm standen, sagte Jesus: Wie gegen einen Räuber seid ihr mit Schwertern und Knüppeln ausgezogen. Tag für Tag war ich bei euch im Tempel und ihr habt nicht gewagt, gegen mich vorzugehen. Aber das ist eure Stunde, jetzt hat die Finsternis die Macht.
Da verließen ihn alle Jünger und flohen.	Da verließen ihn alle und flohen. Ein junger Mann aber, der nur mit einem leinenen Tuch bekleidet war, wollte ihm nachgehen. Da packten sie ihn; er aber ließ das Tuch fallen und lief nackt davon.	

?! Legt eine Tabelle an und beantwortet für jeden Evangelisten folgende Fragen:

a) Wer kommt zu Jesus?
b) Was sagt Jesus?
c) Wie reagieren die Jünger?

➔ Besprecht Gemeinsamkeiten und Unterschiede!
➔ Worin besteht der gemeinsame rote Faden der drei Evangelien?

Die Evangelisten Matthäus und Lukas haben das Evangelium des Markus als Vorlage verwendet. Weil diese drei Evangelien somit sowohl im Aufbau als auch in den Inhalten große Gemeinsamkeiten aufweisen, heißen sie auch die ***synoptischen*** Evangelien. Der Begriff „Synopse" kommt aus dem Griechischen und bedeutet „Zusammenschau".

Diese wissenschaftliche Theorie will veranschaulichen, in welcher Weise die Evangelisten und ihre Quellen zueinander in Beziehung stehen:

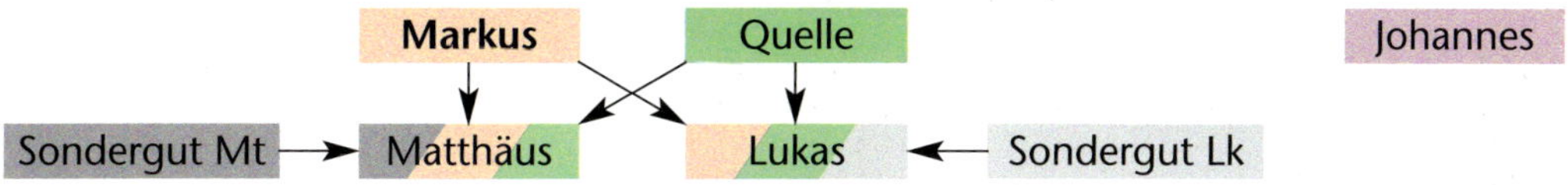

Neben der Markusvorlage stand Matthäus und Lukas eine weitere gemeinsame Quelle zur Verfügung, die Markus offensichtlich nicht kannte. Daneben findet sich sowohl im Matthäus- als auch im Lukasevangelium Material, das im jeweils anderen Evangelium nicht auftaucht und das deshalb als Sondergut bezeichnet wird. Johannes hat sein Evangelium nach eigener Konzeption entworfen.

?!

- Ordne folgende Textstellen aus dem Mt-Evangelium ihrer jeweiligen Quelle zu!
  Tipp: Beachte die jeweiligen Querverweise in deiner Bibelausgabe!

Mt 2,13-15:	Die Flucht nach Ägypten
Mt 3,1-12:	Johannes der Täufer
Mt 5,3-12:	Die Bergpredigt
Mt 5,44:	Das Wort von der Feindesliebe
Mt 13,31-32:	Das Gleichnis vom Senfkorn
Mt 13,44-46:	Die Gleichnisse vom Schatz und von der Perle

DER AUFBAU DER VIER EVANGELIEN

 **Matthäus**	 **Markus**	 **Lukas**	 **Johannes**
			1,1-1,18 Prolog
1-2 Kindheitserzählung		1-2 Kindheitserzählung	
3-4,11 Vorbereitung des öffentlichen Wirkens	1,1-1,13 Johannes der Täufer	3-4,13 Vorbereitung des öffentlichen Wirkens	
4,12-18 Wirken in Galiläa	1,14-8,26 Wirken in Galiläa	4,14-9,50 Wirken in Galiläa	1,19-12 Öffentliches Wirken
9-25 Wirken in Judäa und in Jerusalem	8,27-10 Weg nach Jerusalem	9,51-19,27 Weg nach Jerusalem	
	11-13 Letzte Tage in Jerusalem	19,28-21,38 Letzte Tage	13-17 Abschiedsreden Jesu
26-28,20 Leiden, Tod und Auferstehung Jesu	14-16,20 Leiden, Tod und Auferstehung Jesu	22-24,53 Leiden, Tod und Auferstehung Jesu	18-21 Erhöhung am Kreuz und Erscheinungen des Auferstandenen

?!

- Vergleiche den Aufbau von Mk, Mt und Lk anhand der Überschriften der Tabelle! Was lässt sich erkennen?
- Vergleiche nun dieses Ergebnis mit dem Aufbau des Johannesevangeliums!

Körner und Blüten des schwarzen Senfs. Die Samen sind nur 0,8 Millimeter groß und wiegen 0,001 Gramm

BERGE VON LEID ÜBERWINDEN
MIT EINEM SENFKORN GLAUBEN IM GEPÄCK

(Johanna, 18 Jahre)

Kleines Senfkorn Hoffnung

2. Kleiner Funke Hoffnung, mir umsonst geschenkt:
werde ich dich nähren, dass du überspringst, dass du wirst zur Flamme,
die uns leuchten kann. Feuer schlägt in allen, allen, die im Finstern sind.

3. Kleine Münze Hoffnung, mir umsonst geschenkt:
werde ich dich teilen, dass du Zinsen trägst, dass du wirst zur Gabe,
die uns leben lässt, Reichtum selbst für alle, alle, die in Armut sind.

4. Kleine Träne Hoffnung, mir umsonst geschenkt:
werde ich dich weinen, dass dich jeder sieht, dass du wirst zur Trauer,
die uns handeln macht, leiden lässt mit allen, allen, die in Nöten sind.

5. Kleines Sandkorn Hoffnung, mir umsonst geschenkt:
werde ich dich streuen, dass du manchmal bremst, dass du wirst zum Grunde,
der uns halten lässt. Neues wird mit allen, allen, die in Zwängen sind.

Melodie: Ludger Edelkötter
Text: Alois Albrecht

?! • Textet weitere Liedstrophen!

An Gott glauben heißt für mich:

An den Sommer nach dem Winter glauben,
an den Regen nach der Dürre glauben,
an den Weizen nach der Saat glauben,
an die Gesundheit nach der Krankheit glauben,
an den Erfolg nach der Arbeit glauben,
an die Versöhnung nach dem Streit glauben,
an die Freude nach dem Schmerz glauben,
an den Frieden nach dem Krieg glauben,
an die Liebe nach dem Hass glauben,
an die Gemeinschaft nach dem Alleinsein glauben,
an die Zukunft nach der Vergangenheit glauben,
an das Leben nach dem Tod glauben.

(Michaela, 14 Jahre)

- Gestaltet eigene Hoffnungsbilder in Texten, Bildern, Liedern!

1. „Wenn wir die Steine bringen, dann liefert Gott den Mörtel dazu!" (Aus Irland)

- Schreibt eure Wünsche an Gott in einer Liste auf! Überlegt, welchen Beitrag ihr jeweils selber zur Verwirklichung dieser Wünsche leisten könnt!

2. „Christus hat keine Hände außer unsere Hände"

- Male einen Christus ohne Hände auf ein Blatt! Schreibe an die Stelle der Hände, was du tun kannst, damit die Botschaft Gottes in dieser Welt gehört und umgesetzt wird!
- Gestalte als Collage um diesen Christus herum, was die Kirche heute bereits in den Bereichen Liturgie, Diakonie und Verkündigung tut, um dem Auftrag Jesu gerecht zu werden!
- Wobei kannst du Christus und der Kirche helfen, eine bessere Welt zu gestalten?

3. „Der Gläubige"

- Wodurch kennzeichnet der Künstler den „Gläubigen"?
- Suche mit deinem Banknachbarn Möglichkeiten, wie wir im Alltag Gottes Wort finden können (Personen, Situationen)!
- Male auf ein Blatt ein großes Ohr und gestalte eine Collage zum Thema „Hören auf Gottes Wort"!

4. Mit Gott springe ich über die Mauern meiner Angst

Kyrie, guter Gott
Melodie: Peter Janssens, Text: Günter Hildebrandt

- Gestaltet Masken aus Gipsbinden oder aus Papier!
- In einem szenischen Spiel könnt ihr dann von Ängsten und Wünschen erzählen: „Ich setze Masken auf, wenn ..." (Setzt beim Aufsetzen der Masken diesen Satz fort!)
- Anschließend könnt ihr spielerisch darstellen: „Ich lege Masken ab, wenn ..." (Setzt beim Absetzen der Masken diesen Satz fort!)

5. Die Symbole der Evangelisten

- Erkundigt euch, was die Symbole der vier Evangelisten bedeuten (s. S. 49), und sucht in Bildbänden oder im Internet nach besonders schönen Darstellungen!

1. Einerseits belasten Ängste uns in unserem Alltag. Viele Sorgen stürzen täglich auf uns ein. Andererseits erhalten uns Hoffnungen aufrecht. Immer wieder geschehen mitten am Tag kleine Wunder.
   Gestalte eine Collage, bei der du deine Hoffnungen deinen Ängsten gegenüberstellst!

2. Ängste und Hoffnungen haben auch das Leben der Menschen in Judäa zur Zeit Jesu geprägt. Das Land war von römischen Besatzern beherrscht, war aber auch innerlich zerrissen und von verschiedenen Gruppen dominiert, so z. B. von den Sadduzäern, den Pharisäern oder den Zeloten.
   Spielt eine kleine Szene, in der Vertreter der verschiedenen Personengruppen, die ihr in diesem Kapitel kennengelernt habt, miteinander über die Bibelstelle Markus 1,15 diskutieren: „Wann bricht das Reich Gottes an?"

3. Das Markusevangelium wird manchmal als „Passionsgeschichte mit ausführlicher Einleitung" bezeichnet.
   Erkläre, was diese Umschreibung alles beinhaltet!

4. „Aus dem, was Jesus sagt und tut, lässt sich ablesen: Das Reich Gottes ist etwas Wunderbares, etwas, das die Menschen im Grunde ihres Herzens nicht zu hoffen wagen – die Überwindung von Leid und Einsamkeit, von Schuld und Tod."
   (Grundriss des Glaubens, Katholischer Katechismus, S. 29)
   Erläutere dieses Katechismuszitat anhand möglichst vieler konkreter Beispiele aus Worten und Taten Jesu!

5. Mit Gleichnissen hat Jesus versucht, den Menschen in einfacher und begreifbarer Weise die Botschaft vom Anbruch des Reiches Gottes nahezubringen. 2000 Jahre lang haben Menschen immer wieder diese Gleichnisse gelesen, für ihre Zeit jeweils neu ausgelegt und gedeutet.
   Fertige zu einem selbst gewählten Gleichnis aus dem Neuen Testament mithilfe einer Mind-Map eine metaphorische Deutung!

6. Die Taten Jesu zeigen, dass Gott es nicht nur bei Worten belässt. In Wundern und Heilungen werden Gottes Liebe und Gottes Wille zum Heil für den ganzen Menschen deutlich. Auch uns Menschen heute bewegt die Hoffnung, körperlich, seelisch und geistig gesund, das bedeutet auch heil oder „heilig", zu sein.
   Denkt, alleine oder in kleinen Gruppen, darüber nach, was wir selber für unsere körperliche, seelische und geistige Gesundheit tun können! Fasst nach Möglichkeit einen entsprechenden Vorsatz für die kommenden Wochen!

7. Ihr wisst, dass die vier Evangelien Grundlage sind für viele Hoffnungen und Träume von einer besseren Welt.
   Erklärt mit eigenen Worten und selbst gewählten biblischen Beispielen, warum drei dieser Evangelien so viele Gemeinsamkeiten haben, eines dagegen schon vom Aufbauschema her von den anderen abweicht!

8. Wenn ihr drei Wünsche frei hättet, um die Welt zu verbessern, was würdest ihr euch dann wünschen?

III. Im Sichtbaren wird Unsichtbares

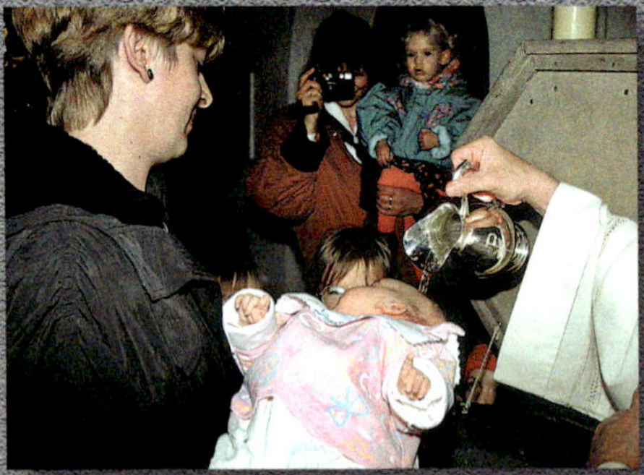

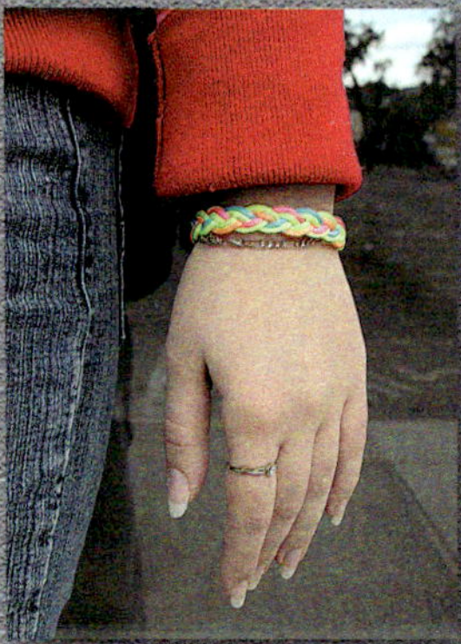

gegenwärtig – Symbole und Sakramente

Komplettes Jugendzimmer umständehalber mit Schreibtisch, Bett, Bücherregal, Wandbildern und diversen Ausstattungsgegenständen (selbst gemachter Wandteppich, PC-Arbeitsplatz, Bildersammlung) günstig abzugeben. Anfragen unter GebrauchtDesign@aol.com

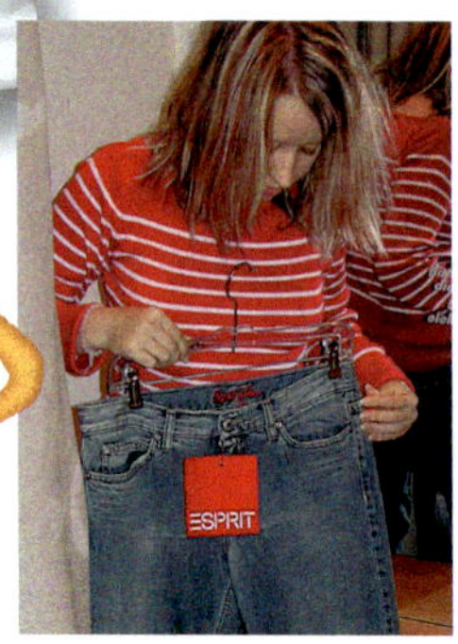

?!

- Welchen „Wert" haben diese Dinge, welche „Bedeutung" könnt ihr erkennen? Diskutiert, warum einige Dinge den einen wertvoll, den anderen unwichtig sind! Wovon hängt der „Wert" einer Sache offensichtlich ab?
- Wenn du mit deinen Eltern für eine längere Zeit ins Ausland gehen müsstest, welche drei Dinge würdest du auf jeden Fall mitnehmen? Erstelle eine kleine „Pyramidenliste" über deine 10 wichtigsten „persönlichen Heiligtümer" in der Reihenfolge ihrer Bedeutsamkeit! Vergleiche mit deinen Mitschülern!
- Erstellt unter der Überschrift „Gegenstände, die uns sehr wichtig sind" ein Gruppenprofil (s. S. 15)!
- Fotografiert Gegenstände aus eurem persönlichen Besitz, die für euch eine besondere Bedeutung haben und die euch wichtig sind, vielleicht ein Kuscheltier, eine Urlaubserinnerung, ein Freundschaftszeichen oder Ähnliches und stellt eure Bilder anschließend in der (Klein-)Gruppe vor!

In dem Roman „Der Kleine Prinz“ von Antoine de Saint-Exupéry erzählt der Autor von einem kleinen Prinzen aus einer anderen Welt, der verschiedene Planeten in unserer Milchstraße besucht und dabei allerlei Lebewesen und ihre Art, die Welt zu gestalten, vergleichen lernt. Dabei muss er sich der Frage stellen, weshalb er nicht mit der Schönheit eines Rosengartens zufrieden ist, sondern ständig an eine bestimmte Rose denken muss.
Der Freund des kleinen Prinzen, ein Fuchs, sagt dabei zu ihm:

„Geh die Rosen wieder anschauen. Du wirst begreifen, dass die deine einzig ist in der Welt. Du wirst wiederkommen und mir adieu sagen, und ich werde dir ein Geheimnis schenken.“

Der kleine Prinz ging, die Rosen wieder zu sehen. „Ihr gleicht meiner Rose gar nicht, ihr seid noch nichts“, sagte er zu ihnen. „Niemand hat sich euch vertraut gemacht. Ihr seid, wie mein Fuchs war. Der war nichts als ein Fuchs wie hunderttausend andere. Aber ich habe ihn zu meinem Freund gemacht und jetzt ist er einzig in der Welt.“
Und die Rosen waren sehr beschämt.
„Ihr seid schön, aber ihr seid leer“, sagte er noch. „Man kann für euch nicht sterben. Gewiss, ein Irgendwer, der vorübergeht, könnte glauben, meine Rose sei euch ähnlich. Aber in sich selbst ist sie wichtiger als ihr alle, da sie es ist, die ich begossen habe. Da sie es ist, die ich unter den Glassturz gestellt habe. Da sie es ist, die ich mit dem Wandschirm geschützt habe. Da sie es ist, deren Raupen ich getötet habe (außer den zwei oder drei um der Schmetterlinge willen). Da sie es ist, die ich klagen oder sich rühmen gehört habe oder auch manchmal schweigen. Da es meine Rose ist.“

Und er kam zum Fuchs zurück:
„Adieu“, sagte er ...
„Adieu“, sagte der Fuchs. „Hier mein Geheimnis. Es ist ganz einfach:
Man sieht nur mit dem Herzen gut. Das Wesentliche ist für die Augen unsichtbar.“
„Das Wesentliche ist für die Augen unsichtbar“, wiederholte der kleine Prinz, um es sich zu merken.
„Die Zeit, die du für deine Rose verloren hast, sie macht deine Rose so wichtig.“
„Die Zeit, die ich für meine Rose verloren habe ...“, sagte der kleine Prinz, um es sich zu merken.
Und er warf sich ins Gras und weinte.
„Die Menschen haben diese Wahrheit vergessen“, sagte der Fuchs. „Aber du darfst sie nicht vergessen. Du bist zeitlebens für das verantwortlich, was du dir vertraut gemacht hast. Du bist für deine Rose verantwortlich ...“

„Ich bin für meine Rose verantwortlich ...“, wiederholte der kleine Prinz, um es sich zu merken.

- Wie wird etwas nach Antoine de Saint-Exupéry einzigartig?
- Es gibt einen Zentralsatz in diesem Kapitel, der das „Motto“ des Dichters wiedergibt. Gestaltet diesen Satz für eine Veröffentlichung an der Pinnwand eurer Klasse oder in eurem Heft!

Ausdrucksformen von Jugendkultur heute

Befragt man Wissenschaftler, wie sich Jugendliche von den Erwachsenen unterscheiden, so kommt immer wieder die bewusste Darstellung durch Kleidung zur Sprache. Jugendliche wollen sich abgrenzen, um zu beunruhigen, um aufzufallen, um klar zu sagen, was und wer sie nicht sind, kurz, um zu verdeutlichen, wie ihr Lebensgefühl sich ausdrückt.

Überprüfe anhand der folgenden Typenbeschreibungen, welche der nachstehenden „Foto-Typen" zu den jeweiligen „Überzeugungen" gehören, indem du Text und Bild richtig zuordnest:

1) Punkszene

2) Die Schickimickis

3) Die Beautys

4) Die Öko-Engagierten

a) *„Ich steh gern im Rampenlicht, will entdeckt und berühmt werden!"*
Schönheit, Mode und Kosmetik bestimmen das Leben.
Dazugehören ist alles.
Kein Pfund zuviel und Rampenlicht!

b) *„Geldverdienen ist das Wichtigste!"*
Karriere, Beziehungspflege und Leistung sind wichtig.
Erfolg haben und ihn zeigen!

c) *„Wir wollen die Natur wieder so haben, wie sie mal war."*
Aktiv etwas für die Natur tun, aufklären und gemeinsam die Welt vor der Zerstörung bewahren.

d) *„Frei sein, frei sein, high sein!"*
Erlebnis ist alles. Nur keinen Kick auslassen. Fit sein für alle.
Sportlich sein heißt, an der Grenze sein. Und das im neuesten Trend.

5) Die Trendys

6) Die Cybers

7) Die Skinheads

e) *„You never walk alone!
Live together and let the times role."*
Gemeinsam sind wir stark –
und das zeigen wir auch!

f) *„Das ist kein einfaches Leben, aber das beste."*
Spaß haben, nichts tun, was andere erwarten. Geld haben die anderen und Arbeit macht unfrei.
Unabhängig sein um jeden Preis, egal was andere denken.

g) *„Hier kannst du alle zehn Sekunden was Neues erleben."*
Die wirkliche Welt ist langweilig, mit Bits und Bytes wird das Leben spannend. Echtes Leben gibt es nur noch im Internet, ob Krieg, Liebe oder Shopping.

- Ordnet gemeinsam Bilder und Texte einander zu! Begründet eure Zuordnungen!
- Erarbeitet in Gruppen, welche Ausdrucksformen die jeweiligen „Typen" für ihr Lebensgefühl verwenden (in der Kleidung, in der Körpersprache ...)!
  Welche weiteren Typen sind euch aus der aktuellen Jugend-Szene bekannt? Versucht Bilder beizubringen und gestaltet sie zu einer „In-Collage"!
- Diskutiert, welche Ausdrucksformen ihr als „stimmig" oder „überzeugend" bejahen könnt und welche ihr für fragwürdig haltet!
- Bestimmte Handlungen im Alltag sagen mehr, als sie – äußerlich gesehen – bedeuten. So stellen Jugendliche mit verschiedenen „Körperausdrucksformen" dar, dass sie zusammengehören und einer bestimmten Gruppe angehören.
  Spielt solche Formen vor und lasst eure Mitschüler raten, welche Gruppierung sich gerade darstellt!

Das „Symbol": ein Zeichen, das Lebenstiefe aufschließt

Eine Rose steht für Liebe und auch den Schmerz der Liebe, ein Ehering ist mehr als ein teures Rundmetall, der Mercedesstern ist für viele Menschen mehr als nur das Erkennungsmerkmal einer bestimmten Automarke.

Und ein freundliches Lächeln, ein kurzes Winken wird in allen Kulturen nicht als nervöse Zuckung der Gesichts- und Handmuskulatur begriffen, sondern eben als etwas ganz Anderes.
Seit der Antike nennt man Zeichen dieser Art **Symbole.**

Info-Box

Das Wort „Symbol" kommt aus dem Griechischen und heißt so viel wie: „etwas Zusammengefügtes" (es stammt ab vom Verb „symballein" = *zusammenwerfen*, unser Wort „Ball" hat dieselbe Wortwurzel). Dahinter steht ein alter Brauch in Griechenland: Wenn zwei Freunde sich trennten, weil einer von ihnen eine längere Reise unternahm, zerbrachen sie ein Tontäfelchen, ein Tongefäß oder auch einen Ring, und jeder der beiden erhielt einen Teil. Die zerbrochenen Teile, die sich wieder zusammenfügen lassen, blieben so ein einmaliges Zeichen und Erinnerung ihrer Freundschaft. Ja das Zeichen stand sogar selbst für die Freundschaft; denn war einer der Freunde verstorben, so diente der Tonscherben oder das Ringstück als eine Art Testament und sicherte über den Tod hinaus beispielsweise das Recht aus einem Vertrag.

Merkmale von Symbolen

Symbole haben gewissermaßen zwei Seiten: die eine, die man mit allen Sinnen wahrnehmen und beschreiben kann, und einen „Hinter-Sinn", der eben hinter den Gegenständen, hinter den Gesten, hinter den Handlungen, auch hinter Farben und sogar Zahlen als deren tieferer und eigentlicher Sinn liegt. Dieser Sinn ist meist mehrschichtig, betrifft den Menschen in seinen Gefühlen, regt zum Verstehen und Nachdenken an und kann oft auch Gemeinschaft stiften (z. B. eine Flagge, Freundschaftsbänder, bestimmte Jeans ...).

Wir unterscheiden:
- ***Dingsymbole*** (z. B. Ehering)
- ***Handlungssymbole*** (z. B. Umarmung)
- ***Sprachsymbole*** oder ***Metaphern*** („Du bist für mich wie ...")

Handlungssymbole können Beziehungen verändern: Wenn wir „jemandem etwas in die Hand hinein versprechen", sind wir ihm gegenüber verbindlich verpflichtet.

Im Unterschied zu Zeichen, die in einer bestimmten Kultur immer eindeutig sind und dort von allen gleich verstanden werden, sind Symbole mehrdeutig und Sinn stiftend, man könnte auch sagen „sinn-voll".

Ein Zeichen

Ein Symbol

?!

- Klärt jetzt, was auf der einleitenden Bilddoppelseite ein Zeichen, was ein Symbol ist!
- Spielt in kurzen Szenen vor der Klasse Handlungssymbole des Alltags, die ihren mehrdeutigen „Sinn" gut zeigen!
- Erstellt eine Collage, in der die Symbole Verwendung finden, die euch wichtig sind. Gebt euch dazu ein Thema: *Mein Lebenstraum* oder auch: *Meine Ängste*!

Clevere Geschäftspraktik oder Missbrauch tiefer Sehnsüchte?

Info-Box

Nach Auffassung namhafter Psychologen gibt es in unserem Unterbewusstsein Urbilder oder Urvorstellungen, die den Menschen aller Kulturen in gleicher Weise angeboren sind. Sie finden sich in Mythen und Märchen, in Kunst und Religion. In Träumen können diese Urbilder aus dem Unterbewusstsein aufbrechen. Bekannte Beispiele hierfür sind Feuer und Wasser, Hexe und Zauberer, Engel und Teufel ...

Besonders in der Werbung werden uns tagtäglich die unterschiedlichsten Symbole und Urbilder vor Augen geführt. Die Plakate zeigen, wie moderne Produktwerbung dabei tiefe menschliche Sehnsüchte anspricht. Oft suchen die Kunden bei einem Kauf dann auch weniger das Produkt selbst als den von der Werbeagentur damit verbundenen Traum.

?!

- Weshalb sind die Abbildungen auf diesen Werbeplakaten nicht als einfache Zeichen, sondern als Urbilder oder Symbole zu verstehen?
- Identifiziert die Träume und Sehnsüchte, die mit den hier abgebildeten Werbeplakaten geweckt werden sollen!
- Im Internet könnt ihr unter www.glauben-und-kaufen.de viele Werbeplakate analysieren, die in besonderer Weise mit menschlichen „Ursehnsüchten" arbeiten. Analysiert einige dieser Plakate!
- Welche Urbilder und Symbole, die ihr aus Filmen und Werbung kennt, sprechen euch besonders an?
- Auf S. 12 habt ihr euch mit grundlegenden Mechanismen der Konsumgesellschaft beschäftigt. Diskutiert, ob ihr in der Verwendung von Urbildern und Symbolen zur Gewinn- und Umsatzsteigerung eine clevere Geschäftspraktik oder eher eine unlautere Verführungsstrategie seht!

Da Symbole Glaubensüberzeugungen tiefer und umfänglicher erfassen können als rein analytisches Denken und Sprechen, hat sich auch der christliche Glaube von Anfang an vielfältiger Symbolik bedient. Dabei wurde das Kreuz sehr bald als das Zentralsymbol der Christuserfahrung verstanden: In den Balken des Kreuzes werden Horizontale und Vertikale, also Himmel und Erde, vereint und versöhnt, im gekreuzigten Christus steigt Gott in die tiefsten Niederungen unseres Lebens hinab.

?!

Weil das Kreuz in unserer christlich geprägten Kultur so allgegenwärtig ist, wird sein religiöser Symbolgehalt manchmal gar nicht mehr wahrgenommen.

- Begründet, auf welchen Bildern ihr das Kreuz als religiöses Symbol wahrnehmt!
- Welche Botschaften könnt ihr in den verschiedenen „Kreuz-Symbolen“ erkennen?
- In welchem Lebenszusammenhang würdet ihr selbst ein Kreuz als Symbol ganz bewusst einsetzen? Stellt eine solche Szene in Form einer Pantomime dar!
- Diskutiert den religiösen Symbolgehalt der Kreuzesdarstellungen auf S. 28/29, Kap. 2!
- Welche der auf dieser Seite abgebildeten Kreuz-Symbole sind eurer Meinung nach Zeichen der Gemeinschaft?

Jesu Bildrede vom Fruchtbringen:

Ich bin der wahre Weinstock, und mein Vater ist der Winzer.

Jede Rebe an mir, die keine Frucht bringt, schneidet er ab, und jede Rebe, die Frucht bringt, reinigt er, damit sie mehr Frucht bringt. Ihr seid schon rein durch das Wort, das ich zu euch gesagt habe. Bleibt in mir, dann bleibe ich in euch.
Wie die Rebe aus sich keine Frucht bringen kann, sondern nur, wenn sie am Weinstock bleibt, so könnt auch ihr keine Frucht bringen, wenn ihr nicht in mir bleibt. Ich bin der Weinstock, ihr seid die Reben. Wer in mir bleibt und in wem ich bleibe, der bringt reiche Frucht; denn getrennt von mir könnt ihr nichts vollbringen. Wer nicht in mir bleibt, wird wie die Rebe weggeworfen, und er verdorrt. Man sammelt die Reben, wirft sie ins Feuer und sie verbrennen. Wenn ihr in mir bleibt und wenn meine Worte in euch bleiben, dann bittet um alles, was ihr wollt: Ihr werdet es erhalten. Mein Vater wird dadurch verherrlicht, dass ihr reiche Frucht bringt und meine Jünger werdet. *(Joh 15,1-8)*

?!

- Klärt die Bedeutung der Bildrede mit Hilfe einer Analyse nach Sach- und Bildhälfte (s. S. 44)!
- Inwiefern kann das Bildwort vom Weinstock und den Reben als Paradebeispiel für die Gemeinschaft stiftende Funktion christlicher Symbole angesehen werden? Bezieht in die Beantwortung auch die Christusdarstellung der Ikone mit ein!

Aus der Zeit der frühen Kirche kennt ihr vom Vorjahr her bereits das Fischsymbol. Die Taube mit dem Ölzweig (vgl. Gen 6-9) und der Anker sind weitere Zeichen christlicher Gemeinschaft, denen wir schon in den Katakomben begegnen können.

?!

- Wählt eines dieser frühchristlichen Symbolbilder aus und stellt neben dem Gemeinschaft stiftenden Aspekt auch die damit verbundenen Sehnsüchte in einer Mind-Map dar! Bezieht dabei euer in der 6. Klasse erworbenes Wissen über die Lebensumstände der frühen Kirche mit ein!
- Das Transparent der katholischen Friedensbewegung Pax Christi greift ganz bewusst uralte christliche Symbolik auf. Was eint die Menschen, die sich in unserer Zeit unter solchen Symbolen in einen Demonstrationszug einreihen?

- Welche Lebenssituationen erkennt ihr?
- Welche Grundfragen stellen sich in diesen Situationen? Formuliert in Gruppen zu jeder Situation eine solche Frage!
- Welche Zusammenhänge mit den sieben Sakramenten erkennt ihr?

„Von jeher stellt sich dem Menschen an den wichtigen Stationen seines Lebens mit besonderer Eindringlichkeit die Frage nach dem Sinn dieses Lebens. Lebensvorgänge wie Geburt, Eintritt in die bewusste und entschiedene Auseinandersetzung mit Umwelt und Gesellschaft, Eheschließung, Schuld, schwere Krankheit und Tod, lassen ihn danach fragen, was hinter diesem Geschehen steht, woher sein Leben kommt und wohin es führt.
Eine eigene Deutung und Bestimmung solcher Situationen gibt der christliche Glaube in den Sakramenten. Hier werden die zentralen Lebensfragen des Menschen aufgegriffen und finden Antwort und Hilfe zu ihrer Bewältigung in der Begegnung mit Christus, die Heil bewirkt. Das wird in unserer Zeit vielfach nicht mehr verstanden. Die Symbolsprache der Sakramente ist vielen fremd geworden." *(Gemeinsame Synode der Bistümer in der Bundesrepublik Deutschland)*

Info-Box

Sakrament (von lat. „sacramentum" = *unverbrüchliche Besiegelung, Weihe, Treueeid;* im Kirchenlatein meist als Übersetzung des griechischen „mysterium" = *religiöses Geheimnis* verwendet):

Jesus ist das Ur-Sakrament der Menschenliebe Gottes; das heißt: Er verkündet die Liebe Gottes (Wort), er praktiziert sie (Handlung) und er ist sie selber (Wirkung).

In diesem Sinn ist auch die Kirche Sakrament (theologisch: Grund-Sakrament), das heißt: In Geist und Absicht Jesu soll sie die Liebe Gottes verkünden, praktizieren und wirksam werden lassen. Dies geschieht insbesondere in den sakramentalen Zeichenhandlungen, welche diese Liebe sichtbar, hörbar, greifbar anzeigen.

Wort und Zeichen bilden bei der Sakramentenspendung eine innere Einheit.
Sie erinnern an die Hilfe, die Gott bisher schon gegeben hat, und bringen das Vertrauen zum Ausdruck, dass die zugesagte Wirkung durch Gottes Gnade real wird.

Der brasilianische Theologe Leonardo Boff versucht, dieses vielen Menschen fremd gewordene Sakramentenverständnis mit der folgenden Geschichte zu erläutern.

Das Sakrament des Wasserbechers

Da ist ein Aluminiumbecher, einer von den alten, guten und glänzenden. Der Stiel ist entzwei. Aber das verleiht ihm einen Hauch von Altertum. Aus ihm haben die elf Kinder getrunken, von klein auf, bis sie groß waren. Er hat die Familien bei ihren vielen Umzügen immer begleitet. Menschen wurden geboren und Menschen starben. Der Trinkbecher nahm an allem teil, immer kam er mit. Er besteht fort, immer glänzend und alt. Der Aluminiumbecher ist das Hauptstück der Küche.
Wie das Wasser auch beschaffen sein mag, in einem derartigen Becher ist es immer frisch und köstlich. Wer zu Hause durstig ist, trinkt aus diesem Becher. Als ob sie einen Ritus zelebrieren, sagen dann alle: „Es ist doch gut, aus unserem Becher zu trinken! Hier gibt's doch das beste Wasser!" ...
Nach einer Reise durch die ganze Welt und einem Studium im Ausland kommt der Sohn nach Hause zurück. Er umarmt die Mutter und begrüßt die Geschwister. Nach all den Ängsten – endlich ist er wieder da. Geredet wird kaum, aber man schaut sich an, lange und eingehend.
„Mama, ich hab' Durst! Lass mich aus dem alten Becher trinken!"
Zuvor hatte der Sohn schon an so vielen Stellen Wasser getrunken, Wasser von überall her. Aber keines ist wie dieses. Jetzt bringt er einen Becher, aber nicht um den Durst des Körpers zu stillen, sondern den Durst nach dem Elternhaus, den Durst nach den Quellen des menschlichen Lebens. Der Mann trinkt gierig einen ersten Becher und leert ihn mit einem langen Seufzer wie jemand, der im Wasser ein gutes Stück weit taucht und wieder an die Oberfläche kommt. Dann trinkt er einen zweiten Becher. Ganz bedächtig. Es geht ihm darum, das Geheimnis zu kosten, das der Becher beinhaltet und bedeutet.

Für Außenstehende ist der eben geschilderte Becher ein abgenutzter, unpraktischer und hässlicher Trinkbecher. Für den Erzähler jedoch ist er singulär in der ganzen Welt, für ihn gibt es kein Trinkgefäß, das ihm gleichkommt. Er erklärt: „Wenn ich eine Sache von innen her betrachte, konzentriere ich mich auf den Wert und den Sinn, den sie für mich darstellt. Sie wird zu einem Zeichen und Symbol. Sakrament bedeutet präzise jene Wirklichkeit der Welt, die von einer anderen Welt spricht."
Wer diese Denkweise begreift, öffnet sich und ist bereit, die Sakramente des Glaubens anzunehmen. Diese radikalisieren die natürlichen Sakramente, von denen wir in unserem Alltagsleben umgeben sind.
Wie ist nun aber diese Sicht von der Alltäglichkeit der Sakramente mit der uns bekannten Siebenzahl vereinbar? Im Mittelalter begannen die Theologen, aus der großen Zahl von Sakramenten, welche die frühe Kirche kannte (der heilige Augustinus erwähnt 304!), die hauptsächlichen Gesten der Kirche hervorzuheben. Mit der heiligen Zahl 7 fasste die katholische Kirche schließlich jene Feiern zusammen, mit denen sie an den Knotenpunkten menschlichen Lebens die im Wirken Jesu sichtbar gewordene Liebe Gottes in ganz besonderer Weise erfahrbar macht: Taufe, Eucharistie, Firmung, Buße, Eheschließung, Priesterweihe und Krankensalbung.

Info-Box

Die **Zahl 7** gilt seit alten Zeiten als heilige Zahl: 7 ist die Summe der Zahlen 3 und 4, wobei 3 Symbol für das Absolute (göttliche Dreifaltigkeit) und 4 Symbol für den Kosmos ist (vier Himmelsrichtungen, vier Grundelemente Erde, Wasser, Feuer, Luft) – die Zahl 7 symbolisiert somit die vollkommene Verbindung von Gott und Welt.

?!

- Erstellt eine Liste mit euren „Sakramenten des Alltags"!
- Durch welche sakramentalen Worte und Zeichen werden die sieben Sakramente wirksam?
  Schlagt im Gotteslob nach (GL 43–76) und zeigt an einem Sakrament auf, wie hier eine „andere Wirklichkeit" ins Spiel kommt!
- Welche weiteren Beispiele für die symbolische Verwendung der Zahl 7 kennt ihr noch?

Als es Abend wurde, kam Jesus mit den Zwölf. Während sie nun bei Tische waren und aßen, sagte er: Amen, ich sage euch: Einer von euch wird mich verraten und ausliefern, einer von denen, die zusammen mit mir essen. Da wurden sie traurig, und einer nach dem anderen fragte ihn: Doch nicht etwa ich? Er sagte zu ihnen: Einer von euch Zwölf, der mit mir aus derselben Schüssel isst. Der Menschensohn muss zwar seinen Weg gehen, wie die Schrift über ihn sagt. Doch weh dem Menschen, durch den der Menschensohn verraten wird. Für ihn wäre es besser, wenn er nie geboren wäre.

Während des Mahls nahm er das Brot und sprach den Lobpreis; dann brach er das Brot und reichte es ihnen und sagte:

„Nehmt, das ist mein Leib."

Dann nahm er den Kelch, sprach das Dankgebet, reichte ihn den Jüngern und sie tranken alle daraus. Und er sagte zu ihnen:

„Das ist der Kelch, das Blut des Bundes, das für viele vergossen wird. Amen, ich sage euch: Ich werde nicht mehr von der Frucht des Weinstocks trinken bis zu dem Tag, an dem ich von Neuem davon trinke im Reich Gottes." *(Mk 14,17-25)*

Brot und Wein finden sich seit alters her in vielen Erzählungen als Symbole für die lebensspendende Kraft der Nahrung, gemeinsames Essen ist immer Zeichen der Gemeinschaft. Bestimmte Brote, z. B. selbst gebackene oder zu besonderen Anlässen verzehrte, können, wie bestimmte Getränke, darüber hinaus sogar zu „Sakramenten des Alltags" werden.

?!

- Überlegt, ob für euch bestimmte Nahrungsmittel solche „Sakramente des Alltags" darstellen!

Wenn die frühen Christen in ihren Häusern das Brot brachen und miteinander Mahl hielten, dann waren sie überzeugt, dass der Auferstandene in ihrer Mitte war. Die Worte, die sie hörten, und die Geschichten, die sie erzählten, waren dabei keine wehmütigen Erinnerungen an die Zeit, als Jesus noch bei ihnen war. Durch sie wurde ihnen vielmehr Christus gegenwärtig, der sie ansprach, berührte und aufrichtete, so wie er dies zu Lebzeiten immer und immer wieder getan hatte. Und geradezu überwältigend wurde ihnen diese helfende Gegenwart des Auferstandenen im stets gleichen Ritus des Brotbrechens und der Segnung des Weins bewusst, den sie in Erinnerung an das letzte Abendmahl Jesu vollzogen. *Dieses* Brot und *dieser* Wein konnten so für sie als Leib und Blut Christi zum Sakrament werden.

2000 Jahre später sind *dieses* Brot und *dieser* Wein in der Eucharistiefeier für den Gläubigen heute genauso Realsymbole der Gegenwart Christi, wie sie es für die ersten Christen waren. Auch heute spricht Christus durch das Evangelium zu uns. Und wenn nach der großen Danksagung an Gott für die Schöpfung und die Erlösung, der Herabrufung des Hl. Geistes, der Wandlung von Brot und Wein und dem Gedenken an die Versöhnung mit Gott durch das Opfer Christi, wenn nach Vaterunser und Friedensgruß in der Kommunion *dieses* Brot als Leib Christi gemeinsam gegessen wird, dann wird hier Gemeinschaft mit Gott und den Menschen nicht nur versprochen, sondern auch wirklich geschaffen und sichtbar gemacht.

?!

- Lest den gesamten Ablauf der Eucharistiefeier im Gotteslob nach (GL 359–365)!
- Besprecht, ob ihr in eurer Klasse bzw. Religionsgruppe Eucharistie feiern wollt! Nehmt gegebenenfalls Kontakt mit einem Priester auf!

Eines der berühmtesten Bilder, welches das Geschehen um die Einsetzung des Altarsakraments darzustellen versucht, ist **„Das letzte Abendmahl" von Leonardo da Vinci** (1452–1519). Der Renaissancekünstler schuf das 4,22 m x 9,04 m große Ölgemälde für den Speisesaal eines Klosters in Mailand. Das Bild stellt den Zeitpunkt dar, wo Jesus die Worte spricht: „Einer von euch wird mich verraten" und die Jünger erschrocken antworten: „Doch nicht etwa ich?"

Verlängert man die Linien im Bild (Deckenbalken, die Kopfhöhen, die Oberkanten der Wandteppiche), so treffen sie sich in einem gemeinsamen Punkt, dem so genannten „Fluchtpunkt".

- *Wo liegt somit der genaue Mittelpunkt der Mahlgemeinschaft? Was könnte dies bedeuten?*

Im Gegensatz zu anderen Darstellungen trägt Jesus keinen Nimbus (Heiligenschein), sein Haupt wird durch das dreigeteilte Fenster von außen erhellt. Gekleidet ist er mit einem roten Untergewand, über das eine blaue Toga geschlungen ist.

- *Welche Interpretation der Person Jesu lässt sich aus dieser Darstellung ableiten?*

Bisher war es üblich, dass die Jünger um den Tisch herum saßen, nur Judas war etwas abgesondert. Hier ist eine Seite des Tisches ganz frei, und Judas sitzt mitten unter den Aposteln.

- *Wer soll wohl noch am Tisch Platz nehmen?*

Während Jesus eine tiefe Ruhe ausstrahlt, sind die Jünger aufgewühlt. Sie sind mit Gesichtern gemalt, die Leonardo auf dem Marktplatz studiert hat.

- *Was wird damit zum Ausdruck gebracht?*

Die Gemeinschaft der Jünger besteht aus vier verschiedenen Dreiergruppen (Zahlsymbolik? – vgl. S. 65), die unterschiedlich aussehen, fühlen und denken. Und doch sind sie an dem einen Tisch versammelt, dessen Mitte Christus ist.

- *Fasst die Symbolik dieses Bildes mit eigenen Worten zusammen! Welche Aspekte des Sakraments der Eucharistie seht ihr hier angesprochen?*

Info-Box

Die **Farbe Rot** symbolisiert in der christlichen Kunst Blut, Opfer und glühende Liebe.

Die **Farbe Blau** gilt als himmlische, göttliche Farbe, die Wahrheit und Ewigkeit verkörpert.

Fronleichnam – Fest des Festes

Wenn wir Fronleichnam feiern, feiern wir das Sakrament der Eucharistie.

Info-Box

Der Begriff „Fronleichnam" stammt aus dem Mittelhochdeutschen und bedeutet „Herrenleib" (*vron* = Herr, *licham* = Leib).

Das Blutwunder von Bolsena

1263 feierte der böhmische Priester Peter von Prag auf seiner Pilgerfahrt nach Rom in Bolsena (Umbrien) eine Messe. Während der Wandlung ergriffen ihn Zweifel, ob Brot und Wein nun tatsächlich in Christi Leib und Blut verwandelt werden. Daraufhin sollen einige Tropfen Blut von der Hostie auf das Korporale (quadratisches Leinentuch als Unterlage für Kelch und Hostienschale) und den Marmorfußboden der Kirche gefallen sein.
Zum Gedenken an dieses „Blutwunder" erhob Papst Urban IV. schon ein Jahr danach das Fronleichnamsfest zum allgemeinen Kirchenfest und veranlasste den Bau des prachtvollen Domes von Orvieto, um das blutbefleckte Korporale angemessen aufzubewahren. Dort wird die Reliquie bis heute an besonderen Festtagen zur Schau gestellt.

Das Fest des pilgernden Gottesvolks, das sein „Allerheiligstes", den Leib Christi in Form der gewandelten Hostie, in einer wertvollen Monstranz für alle Welt sichtbar vor sich her trägt und an vier Stationen den Segen des Priesters empfängt, hat eine lange Tradition:
Die Nonne Juliana von Lüttich gab 1209 den Anstoß: In ihren Visionen sah sie als Bild für die Kirche die Scheibe des Vollmonds und auf dieser eine dunkle Stelle, die als das Fehlen eines eigenen Festes zu Ehren der Eucharistie gedeutet wurde. Auf ihre Anregung wurde das Fronleichnamsfest zunächst 1246 in Lüttich eingeführt. 1264 schrieb Papst Urban IV. dieses Fest in der Folge des „Blutwunders von Bolsena" für die gesamte römisch-katholische Kirche fest.

Das Fronleichnamsfest wird in der Weltkirche am Donnerstag nach dem Dreifaltigkeitssonntag gefeiert (11 Tage nach Pfingsten), wobei der Donnerstag an den Gründonnerstag als Einsetzungstag der Eucharistie durch Jesus Christus erinnern soll. An diesem selbst verbietet sich frohes Feiern wegen des bevorstehenden Karfreitags.

?! • Welche Fronleichnamsbräuche sind euch bekannt? Forscht nach ihrem Sinngehalt!

Motorradweihe

Der Glaube an die sakramentale Kraft der Segnung verändert die innere Einstellung zu den Dingen. Wer sein Motorrad segnen lässt, wird sich auch im Straßenverkehr seiner Verantwortung für die Mitmenschen bewusst sein und wird nicht nur blind durch die Gegend rasen.

Die Zuwendung Gottes zu uns Menschen wird nun natürlich nicht nur in den sieben Sakramenten erfahrbar. Während die Sakramente die Liebe Gottes ganz besonders an den Knotenpunkten menschlichen Lebens verdeutlichen, zeugen Sakramentalien in allen Lebenslagen von der Nähe Gottes und dem Vertrauen des Menschen. Ein entscheidendes Merkmal stellt dabei die Segnung dar, welche die Gegenwart Gottes im konkreten Alltagsleben sichtbar machen will.

Die Kirche kennt hierfür unter anderem:

- Tischsegen
- Speisenweihe
- Brautsegen
- Kindersegnung
- Haussegnung
- Bittprozessionen
- jede Form der Weihwasserverwendung

Speisenweihe an Ostern

In den Sakramentalien erfährt der Glaubende, dass er in allen Lebenslagen von Gott begleitet wird und dass er alle Facetten seines Lebens vor Gott bringen kann. Somit sind sie nie bloß äußere Zeichen, sie beziehen den menschlichen Alltag in das gottesdienstliche Feiern ein und helfen mit, christliche Gemeinschaft zu erfahren.

Eltern segnen ihre kleinen Kinder

?!

- Welche Sakramentalien habt ihr schon selbst erlebt bzw. mitgefeiert?
- Was würdet ihr einem Kritiker entgegnen, der behauptet, Sakramentalien seien nur magische Praktiken?

1. Schneidet ein Videoband zusammen, in dem ihr religiös aufgeladene Werbespots dokumentiert!
2. Schreibt gemeinsam einen Brief an eine Firma, in deren Werbung ihr einen Missbrauch von religiösen Überzeugungen festgestellt habt, und fragt nach den Motiven für solches Tun!
3. Gestaltet in Zusammenarbeit mit dem Kunstunterricht ein Bild über die sieben Sakramente!
4. Für einen Schulgottesdienst könnt ihr Kreuze herstellen, die eure Vorstellung über das Symbol „Kreuz" wiedergeben. Wo kommt – nach eurer Überzeugung – das Kreuz im Leben ins Spiel?
5. Führt ein Interview mit praktizierenden Katholiken, denen der Empfang der Sakramente etwas bedeutet. Gewährt dazu – bei Bedarf – Anonymität und veröffentlicht das Interview in der Schülerzeitung! Parallel dazu könnt ihr – auch über eine Interviewaktion – erheben, warum Menschen, die sich selbst noch als Christen verstehen, manchen Sakramenten gleichgültig gegenüberstehen!
6. Erkundet in eurer Pfarrgemeinde, wie die Jugendlichen nach der Firmung an das sakramentale Leben der Gemeinde herangeführt werden!
7. Stellt in einem Referat dar, wie die entscheidenden Lebensknoten (Geburt, Erwachsenwerden, Heirat, Vergebung, Sterben) in anderen Religionen „gefeiert" werden!
8. Sucht im Internet unter dem Suchbegriff „Abendmahl + Leonardo da Vinci" nach Verfremdungen zu Leonardo da Vincis Bild „Das letzte Abendmahl". Versucht einige der gefundenen Variationen zu interpretieren, um dann selbst in Zusammenarbeit mit dem Kunstunterricht eine Collage, ein Kunstfoto oder auch eine moderne Darstellung des berühmten Bildes zu entwerfen!
9. Gestaltet eine Skizze, welche eine mögliche Form heutiger Lebensbegleitung durch eines der sieben Sakramente zeigt!

Wo Menschen …

Melodie: Christoph Lehmann, Text: Thomas Laubach. © tvd-Verlag, Düsseldorf

10. Textet zu diesem Lied selbst weitere Strophen, wobei jede Strophe einen Bezug zu einem der sieben Sakramente aufweisen soll!

1. Tragt zusammen, welche „Urbilder“ euch aus Mythen und Märchen, aber auch aus biblischen Erzählungen bekannt sind!
2. Formuliert kurz und prägnant, welche Formen von Symbolgebrauch ihr als Missbrauch anseht!
3. Die Sakramente sind mit Jesu Leben, Sterben und der Aufhebung seines Todes durch Gott verbunden. In dem Bild von Guido Muer „Die sieben Sakramente“ wird deutlich, wie alle Zeichen der Nähe Gottes von Christus herkommen.

- Welchen (geometrischen) Bildaufbau könnt ihr erkennnen? Wo ist der „geometrische“ Mittelpunkt? Vergleicht mit dem „Fluchtpunkt“ im Bild „Das letzte Abendmahl“ von Leonardo da Vinci auf S. 67!
- Wie zeigen sich die einzelnen Sakramente, was hebt der Künstler hervor?
- Welche Christusdarstellung hat der Künstler gewählt, und warum tat er dies wohl?
- In welchem Raum „spielen“ die Sakramente?
- Wenn ihr den Personen ein Wort, einen Dialog in den Mund legen könntet – was würden sie sprechen?

4. Legt nach folgendem Muster eine Tabelle an und ergänzt unter Verwendung des Gotteslobs (GL 41–76) die übrigen Sakramente!

Lebenssituation	Sakrament	sakramentales Wort/Zeichen	Was wir feiern	Was wir glauben	Konsequenzen
Geburt bzw. Neuausrichtung des Lebens	Taufe	s. Gotteslob 48	Aufnahme in die Kirche	Gott nimmt uns an, schenkt uns neues Leben	Leben in bewusster Nachfolge Christi

IV. Kulturen im christliches

Bonifatiusbote

Kirchenzeitung für das Bistum Fulda

Am meisten leiden die Kinder

Kritik am Klonbeschluss

Katholikenrat tagt auch in Kassel, Hanau und Marburg

Torwart hat noch Zeit für Späßchen

STANDPUNKT

Ein gutes Neues

FUNDSTÜCK

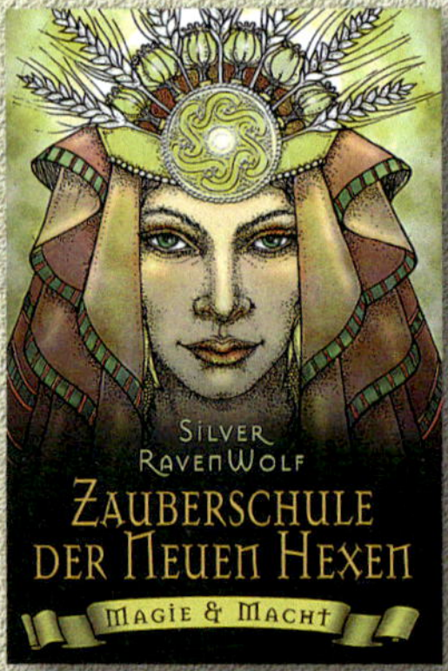

Wandel: Europa im Mittelalter

„Als Kaiser Rotbart lobesam
ins heil'ge Land gezogen kam ...“

Grabbeigaben eines bajuwarischen Mädchens aus Staubing bei Weltenburg (frühes 7. Jh.)

?!

- In welcher Situation befindet sich Karin? Wovon erhofft sie sich Ruhe und Sicherheit?
- Zwischen Karin und dem unbekannten Mädchen aus Staubing gibt es eine Gemeinsamkeit. Sprecht darüber!

Mit ihrer Heimat, die sie in den Wirren der Völkerwanderung aufgeben mussten, verloren viele Germanen auch ihre religiöse Geborgenheit. Die seit undenklichen Zeiten angerufenen Wald-, Flur- und Erntegötter hatten trotz aller Bitten und Opfer die Menschen nicht mehr ernähren können, und so verließen sie die vertrauten heiligen Quellen, Felsen und Haine und gingen einer ungewissen Zukunft entgegen.

Bei ihren Wanderungen begegneten die Germanen dem Christentum. Dieses bot den heimatlosen Menschen neue Sicherheit. Der christliche Gott, der nicht in, sondern nur jenseits der Natur zu finden ist, kann überall und jederzeit angerufen werden. Christliche Kirchen lassen sich an allen Orten errichten, heilige Haine aber sind nicht verpflanzbar.

Die Germanenstämme, die in ihren nördlichen Siedlungsgebieten bei den altgewohnten Naturheiligtümern bleiben konnten, nahmen das Christentum als Letzte an. Insgesamt dauerte es vom 4. bis zum 11. Jahrhundert, bis alle Germanen Christen wurden.

Vor allem während der Völkerwanderung war das tägliche Leben der Germanen vom Krieg und vom Kampf gegen Hunger und Naturkatastrophen geprägt.
Viele Germanen sahen bei ihrem Lebenskampf in Christus einen machtvollen Verbündeten, der jedem Getauften einen persönlichen Schutzengel zur Seite stellt. Als Gegenleistung erklärte sich der Täufling bereit, dem Teufel abzuschwören und sein Leben an den Geboten Gottes auszurichten.

Mit der Absage an die Naturgötter verlangte das Christentum eine radikale Änderung vieler Lebensgewohnheiten. Der heilige Pirmin, der Gründer des Klosters Reichenau am Bodensee, mahnte eindringlich:

„Ihr sollt keine Götzenbilder anbeten; Felsen und Bäumen, Ecksteinen, Quellen und Weggabelungen sollt ihr weder Gebete noch Gelübde darbringen. Ihr sollt euch nicht als Abbeter und Losdeuter, Gaukler, Opferschauer, Propheten, Wahrsager, Magier oder Zauberer betätigen noch solchen Menschen Glauben schenken, genauso wenig dem Wahrsagen beim Niesen, dem Weissagen durch Vögel oder anderen verderblichen, teuflischen Gebräuchen.

Das Frühlingsfeuer und den Monatsersten verehren, einen Lorbeerzweig aufhängen, auf den Schritt achten, über einen Leichnam Frucht und Wein schütten, Brot in den Brunnen werfen – was ist das anderes als Teufelswerk? Genauso wenn die Frauen beim Weben Minerva anrufen, wenn man nur am Tag der Venus oder einem anderen speziellen Tag heiratet, wenn man beim Reisen auf den Tag achtet!

Zeichen, Amulette, Kräuter und Bernstein sollt ihr euch und den Euren nicht umhängen. Wetterpropheten sollt ihr nicht glauben. Auch sollt ihr denen nichts geben, die sagen, sie könnten die Ernteerträge wegzaubern. Glaubt nicht den Feuerbeschauerinnen, die behaupten, den Menschen etwas vorhersagen zu können von dem, was ihnen in der Zukunft an Gutem oder Bösem zustoßen werde. Glaubt ihnen nicht, weil nur Gott es vorbehalten ist, die Zukunft im Voraus zu kennen ... Glieder aus Holz sollt ihr nicht für Weggabelungen, für Bäume oder für etwas anderes schnitzen und darbringen, denn sie können euch die Gesundheit nicht bringen. Bei Mondfinsternis sollt ihr kein Geschrei machen. Keiner soll auf Teufelsgesänge vertrauen und niemand soll wagen, sie über sich singen zu lassen."

Solche Mahnungen, die heidnischen Gebräuche endlich aufzugeben, mussten über Jahrhunderte hinweg immer wieder erneuert werden. Zäh hielten viele Menschen an ihren althergebrachten Gewohnheiten fest. Manche wollten ganz sichergehen und trugen auch nach der Taufe ihre gewohnten Amulette, ließen sich von Wahrsagern wie eh und je die Zukunft deuten und murmelten zur Geisterbeschwörung die geheimnisvollen alten Zaubersprüche.

?!

- Stellt zusammen, was ihr von Religion und Lebensgewohnheiten der Germanen aus früheren Jahren wisst!
- Auch heute suchen Menschen Zuflucht in magischen Praktiken.

ROM – Vor einem wachsenden Einfluss von Magiern und Hexenmeistern in der italienischen Gesellschaft hat die katholische Kirche gewarnt. Allein in Mailand seien neben 3000 Priestern bereits 4000 Magier tätig. *Quelle: KNA*

Nennt Beispiele und forscht nach den Gründen! Vergleicht mit den Lebensgewohnheiten der Germanen!

IHR HOROSKOP vom 4. bis 10. Juli 2003 von Lilo von Kiesenwetter

Die Sterne unter Ihrem Horoskop zeigen auf einen Blick, wie gut Sie bestrahlt sind. Die Glückskinder der Woche erhalten eine strahlende Sonne. Den Mondkalender finden Sie rechts unter dem Foto

WIDDER 21.3. bis 20.4.
Was Ihre geistigen Kräfte betrifft, sind Sie im Moment in Top-Form. Nutzen Sie dies, um aus Ihren Ideen neue Projekte zu entwickeln, und zögern Sie nicht lange, Ihre Vorstellungen in die Tat umzusetzen. Ihr Partner wird Ihnen sicherlich mit seinem Rat zur Seite stehen.
★★★★★

STIER 21.4. bis 20.5
Es wäre vernünftig, wenn Sie in finanzieller Hinsicht jetzt sehr genau planen und sich auch selbst Grenzen setzen, damit es nicht zu unliebsamen Überraschungen kommt. Falls Ihr Lebensgefährte sich zu sehr an anderen Dingen interessiert zeigt – eine Aussprache hilft immer.
★★★

ZWILLINGE 21.5. bis 21.6.
Mit Sonne (Lebenskraft) und Venus in Ihrem Zeichen können Sie in dieser Woche weder in der Liebe noch in finanziellen Dingen unangenehm überrascht werden. Die Schwächeperioden der vergangenen Tage sind endgültig überwunden!

KREBS 22.6. bis 22.7.
Mit Merkur (Geschicklichkeit) im Bunde sollte es Ihnen leicht fallen, einen Entschluss zu treffen. Ganz wichtig dabei ist jedoch, dass Sie auf Ihre innere Stimme hören. Sie sollten auch weiterhin so viel Hilfsbereitschaft wie bisher zeigen, wenn jemand in Not gerät.
★★★★

LÖWE 23.7. bis 23.8.
Auch wenn andere angeblich sichere Informationen haben – verlassen Sie sich lieber auf Ihre Intuition, denn das war immer Ihre Stärke. Überlegen Sie gut, bevor Sie ein unerwartetes Angebot oder eine Einladung annehmen. Falls eine Aussprache mit Ihrem Partner nötig ist: Bleiben Sie sachlich!
★★★★

JUNGFRAU 24.8. bis 23.9.
Anfang der Woche haben Sie das Gefühl, dass sich scheinbar unüberwindbare Hindernisse vor Ihnen auftürmen. Keine Sorge – Sie schaffen alles, was Sie sich vorgenommen haben. In einem unangenehmen Familienstreit sollten Sie jetzt alle Beteiligten an einen Tisch bringen.
★★★

WAAGE 24.9. bis 23.10.
Offen für etwas Neues sein, Experimente wagen oder sich mit fremden Kulturen beschäftigen, das ist Waage-Geborenen in die Wiege gelegt. Ein dominanter Neptun (Inspiration) verstärkt diese Woche Ihren Entdeckerdrang. Beginnen Sie jetzt mit der Planung.
★★★★

SKORPION 24.10. bis 22.11.
Während die anderen um Sie herum in dieser Woche das Leben genießen und feiern, haben Sie das Gefühl, als befänden Sie sich in einer anderen Welt. Nur Sie allein können diesen Zustand beenden, allerdings wird es Sie viel Kraft kosten. Bitten Sie Ihren Partner um Rücksicht.
★★★

Unsere Astrologin ist jetzt für Sie auch unter folgender Internetadresse zu erreichen: www.vonkiesenwetter.de

SCHÜTZE 23.11. bis 21.12.
Sie kommen dem Ziel, das Sie anstreben, immer näher. Gerade weil Sie so starken persönlichen Einsatz zeigen, ist Ihre Motivation über jeden Zweifel erhaben. Sie könnten vorübergehend einen finanziellen Engpass erleben, langfristig sind jedoch keine Probleme zu erwarten.
★★★★

STEINBOCK 22.12. bis 20.1.
Dank eines Energieschubs, den Mars (Tatkraft) Ihnen verleiht, geht es gesundheitlich wieder aufwärts. Doch vergessen Sie nicht – ohne Fleiß kein Preis, Sie müssen auch selbst Einsatz zeigen. Singles: Intensivieren Sie Ihre Kontakte, und rufen Sie wieder öfter Bekannte an.
★★★★

WASSERMANN 21.1. bis 19.2.
Sie können nicht erwarten, dass man in Ihrer Umgebung immer wieder Rücksicht auf Sie nimmt, wenn Sie selbst keinerlei Einsicht zeigen und stets nur fordern. Auch die Wünsche anderer sind wichtig! Alleinstehende: Ein Venustransit verhilft Ihnen zu einer tollen Chance!
★★★

FISCHE 20.2. bis 20.3.
Es kann Ihnen nur gut tun, wenn Sie sich jetzt ablenken und zusammen mit Ihrer Familie Pläne schmieden. Das bringt Sie endlich wieder auf andere Gedanken. Singles: Die weitere Entwicklung hängt nicht von Ihnen ab, sondern von Faktoren, die Sie nicht beeinflussen können.
★★★

MOND KALENDER

FR – Zunehmender Mond in der Jungfrau. Dieser Tag ist für alle Arbeiten im Garten geeignet, während die Konservierung von Erntegut nicht günstig ist. Die Kraft des Mondes beeinflusst Milz und Bauchspeicheldrüse.

SA – Zunehmender Mond in der Jungfrau. Heute ist ein Gemüse-Tag zu empfehlen, Salze werden gut aufgenommen – deshalb Vorsicht bei erhöhtem Blutdruck! In der Familie kann es Kritik und Streit geben.

SO – Zunehmender Mond in der Waage. Der Wunsch nach Harmonie prägt diesen Tag. Nehmen Sie sich einer Sache an, die besonders viel Feingefühl und Diplomatie erfordert.

MO – Zunehmender Mond in der Waage. Ein anregendes Bad hilft dabei, körperliche und geistige Trägheit zu überwinden. Maßnahmen zur Hauternährung sind heute besonders wirksam.

DI – Zunehmender Mond im Skorpion. Der Mond im Skorpion hat großen Einfluss auf die Harnwege; Medikamente wirken intensiver. Gemüse des Tages: Blattgemüse und Salate.

MI – Zunehmender Mond im Skorpion. Sorgen Sie für den Abbau von Stress und Belastungen. Ein Abendspaziergang ist erholsam und entspannend und sorgt für guten Schlaf.

DO – Zunehmender Mond im Schützen. Der Mond wirkt kräftigend und aufbauend, führen Sie dem Körper wertvolle Stoffe zu, und essen Sie viel Paprika, Zucchini, Hülsenfrüchte.

Beim Zusammenbruch des weströmischen Reiches hatten sich die Römer, die seit der Konstantinischen Wende mehrheitlich Christen waren, über die Alpen zurückgezogen. In Süddeutschland zerfiel die bereits gut ausgebaute Kirchenorganisation, nur vereinzelt konnten christliche Gemeinden im Gebiet der vordringenden heidnischen Germanenstämme weiter bestehen. In der Erinnerung aber blieben manche Christen der Römerzeit lebendig: Afra, Florian, Severin ...

Bantry Boat: Es stellt vermutlich dar, wie St. Brendan in See stach, um das Christentum in die Ferne zu tragen.

Der erste Versuch, die heidnischen Baiern zu missionieren, wurde wahrscheinlich von Mönchen aus Irland unternommen. Seit der heilige Columban im Jahre 592 mit zwölf Gefährten von Irland aufgebrochen war, durchwanderten irische Mönche barfuß, mit langem Haar und gefärbten Augenlidern auch die unwegsamsten Gegenden. „Zieh weg aus deinem Land, von deiner Verwandtschaft und aus deinem Vaterhaus in das Land, das ich dir zeigen werde" (Gen 12,1) – die alttestamentliche Weisung Gottes an Abraham verstanden die irischen Missionare, die großteils aus königlichen Familien und herrschenden Clans stammten, als Aufforderung zum sogenannten „weißen Martyrium".

Info-Box

Weißes Martyrium

Im Gegensatz zum „roten Martyrium", bei dem das Leben geopfert wird, (meist freiwillige) endgültige Trennung von allem, woran das Herz hängt (Heim, Familie und Freunde) um des Glaubens willen

Allein durch ihr seltsames Aussehen und ihre Bedürfnislosigkeit erregten die irischen Mönche große Aufmerksamkeit. Die Hinwendung zur wahren, himmlischen Heimat bedeutete für sie Abkehr von der irdischen Welt mit ihren vergänglichen Gütern. Ohne Umschweife forderten sie zu rigoroser Enthaltsamkeit auf. Die Einführung der Ohrenbeichte sowie ein für Laien und Mönche gleichermaßen gültiges strenges Bußbuch sollten zu einem tugendhaften Leben motivieren. Dabei schreckten die Iren auch vor scharfer Kritik an der Lebensweise der Mächtigen nicht zurück.

Um die Überlegenheit des christlichen Gottes zu zeigen, zerstörten die Mönche viele germanische Kultstätten. Ihr ungestümes Auftreten rief gleichermaßen Bewunderung und Ablehnung hervor. Etliche mussten ihren Missionseifer mit dem Leben bezahlen, das rote Martyrium vollendete das weiße.

Vom Wirken Columbans im Bodenseegebiet erzählt die Legende:

„Obwohl der Ort ihm nicht besonders gefiel, beschloss Columban doch, eine Zeit lang dort zu bleiben, um den Leuten den Glauben zu verkünden. Als er unter den Bewohnern eines Dorfes umherging, traf er sie, wie sie eben ein heidnisches Opfer darbringen wollten. Sie hatten ein großes Gefäß voll Bier, das sie Kufe nennen, von ungefähr 20 Eimern Inhalts in ihre Mitte gesetzt. Columban trat zu ihnen und fragte sie, was sie wollten. Sie erwiderten, sie wollten ihrem Gott Wotan ein Opfer darbringen. Als er von diesem verderblichen Vorhaben hörte, blies er das Fass an. Siehe, da zersprang es krachend, und die Dauben fielen auseinander, so dass alles Bier herausfloss ..."

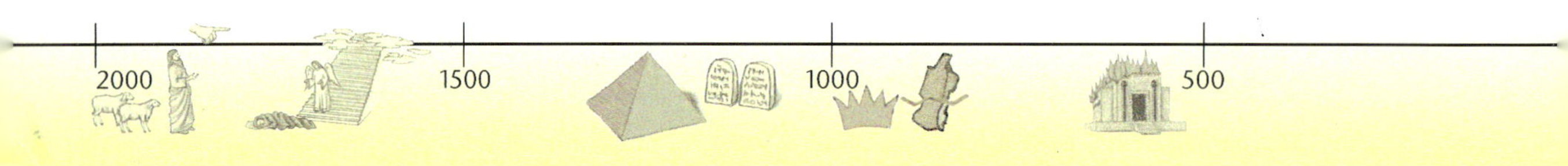

Vor dem Zorn der Heiden blieb Columban nur die Flucht an das heutige Schweizer Ufer des Bodensees. Als er mit seinem Gefolge später nach Italien weiterwanderte, blieb **Gallus** dort allein zurück. Um seine Gebetszelle entwickelte sich das Kloster St. Gallen, aus dem 100 Jahre später **Magnus** und **Theodor** aufbrachen, um im Allgäu zu wirken. **Eustachius**, ein anderer Gefährte Columbans, soll zusammen mit **Agestius** und **Agilius** Weltenburg, das vielleicht älteste Kloster Bayerns, gegründet haben. Im *Würzburger Raum* missionierte **Kilian.** Er war ein Wanderbischof, der ebenfalls nach dem Vorbild Columbans lebte. Mit seinen Gefährten **Kolonat** und **Totnan** fiel er 689 einem Racheakt zum Opfer.

Missionierung durch die fränkischen Herrscher

Die Franken hatten mit der Taufe ihres Königs Chlodwig im Jahre 498 das Christentum angenommen. Da sie in den folgenden Jahrhunderten ihren Machtbereich immer weiter ausdehnen konnten, drang auch das Christentum in immer neue Gebiete vor.

Das Herzogshaus der Agilolfinger, das in Baiern seit dem 6. Jahrhundert herrschte, war von den Franken abhängig und wohl von Anfang an katholisch. Doch erst um das Jahr 700 versuchten die Herzöge, durch fränkische Missionare das Christentum im ganzen Land organisiert durchzusetzen. In *Regensburg* wirkten **Emmeram** und **Erhard,** in *Salzburg* **Rupert**, in *Passau* **Vivilo** und in *Freising* **Korbinian.**
Als Abschluss der Missionsarbeit in Baiern kann die Errichtung einer baierischen Landeskirche mit den Bistümern Freising, Passau, Regensburg und Salzburg durch den heiligen Bonifatius im Jahre 739 angesehen werden.

?!

- Erkundigt euch, welche Frauen und Männer aus der Anfangszeit eurer Diözese namentlich bekannt sind!
- Sammelt Geschichten und Legenden, die über diese Personen erzählt werden!
- Wo ist das Andenken an diese frühen Glaubenszeugen in eurer Diözese lebendig?

Magnus und Gallus. Ausschnitt aus einem Wandgemälde in St. Mang, Füssen (um 1000)

Das Martyrium des hl. Emmeram. Skulptur in Thann/Frankreich (um 1400)

Bonifatius verlässt England

ca. 672	Geburt als Sohn einer vornehmen angelsächsischen Familie in Crediton im Süden Englands, getauft auf den Namen „Winfried“
ab 680	Ausbildung in einem Kloster in Exeter
ca. 692	Eintritt in den Benediktinerorden
ca. 702	Priesterweihe
716	erste (relativ erfolglose) Missionstätigkeit unter den Friesen
718–719	Bonifatius verlässt England für immer – erster Romaufenthalt
719	Missionsvollmacht von Papst Gregor II., der ihm den Namen Bonifatius gibt
719–721	zweite Friesenmission
722–723	zweiter Romaufenthalt, wo ihn Papst Gregor II. zum Bischof weiht
723	Der Legende nach Fällung der Donareiche bei Geismar; symbolträchtige Handlung zum Nachweis der Überlegenheit der christlichen Religion
bis 732	Missionstätigkeit in Hessen und Thüringen
732	Ernennung zum Erzbischof durch Papst Gregor III.

Bonifatius fällt die Donar-Eiche

?!

- Begründe, warum (der Engländer) Bonifatius „Apostel Deutschlands“ genannt wird!
- Erforsche, wo die besondere Stellung des Bonifatius für die Kirche in Deutschland noch heute zum Ausdruck kommt!

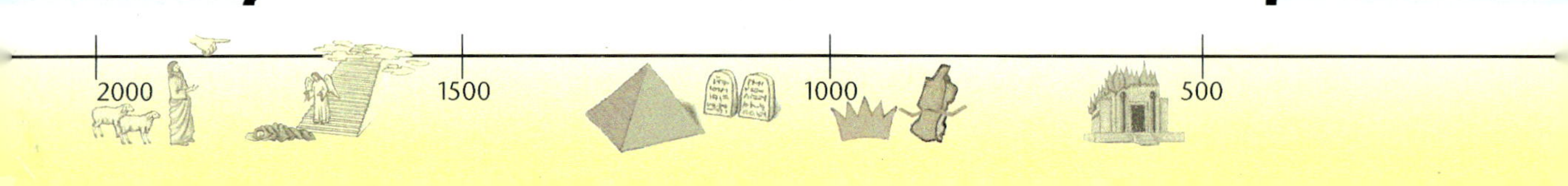

Taufe von Heiden und Märtyrertod von Bonifatius

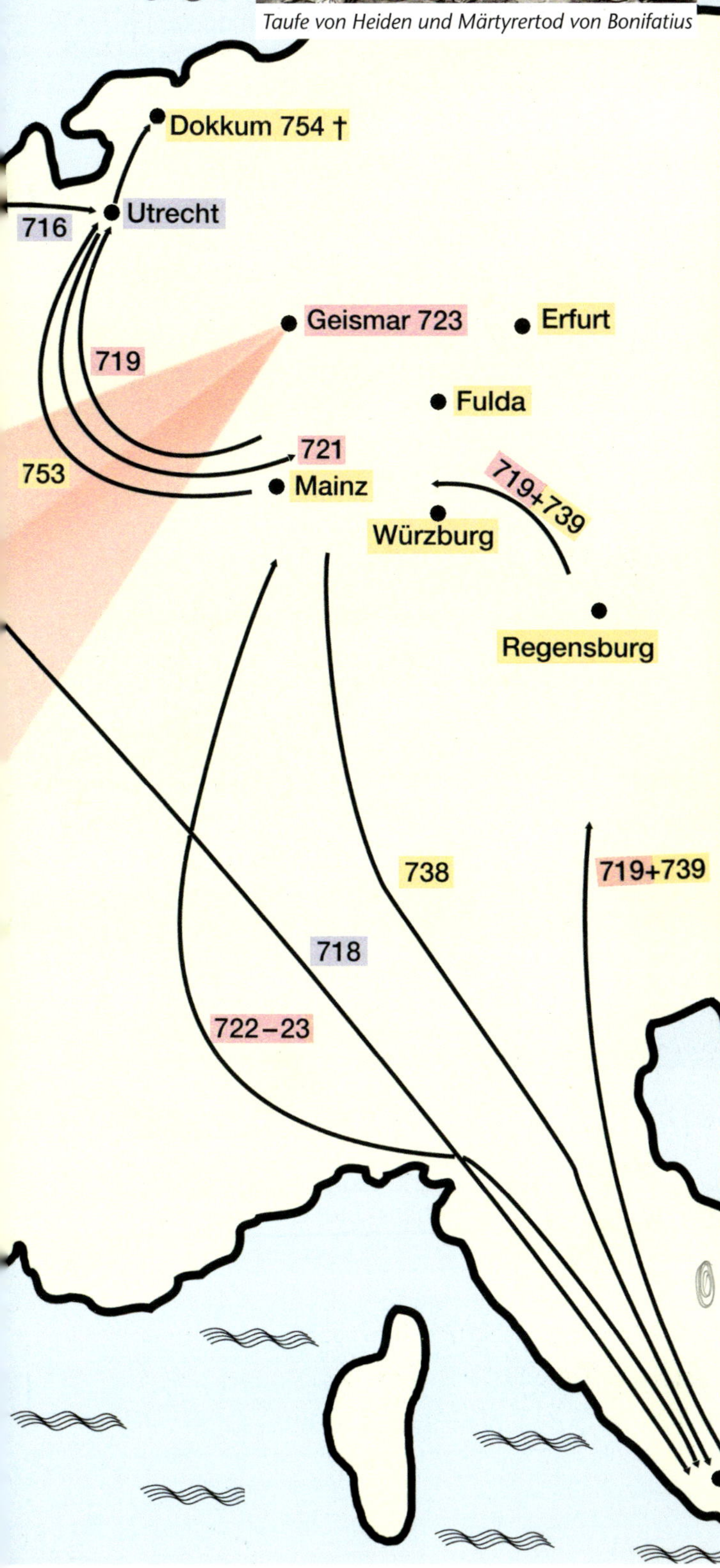

738–739	dritter Romaufenthalt, ***Ernennung zum päpstlichen Legaten in Germanien*** mit dem Recht, Bischofssitze einzurichten; neben Hessen und Thüringen werden ihm auch Bayern und Sachsen anvertraut; in der Folgezeit offizielle Gründung der Bistümer Würzburg, Regensburg, Passau, Eichstätt, Freising und Erfurt
743/744	Fränkische Reformkonzilien zur Wiederherstellung der kirchlichen Rechtsordnung und der Erneuerung der sittlich-religiösen Ordnung bei Klerus und Laien
744	Gründung des „Lieblingsklosters“ Fulda
747	Ernennung zum Erzbischof von Mainz
752	Bonifatius salbt Pippin zum König der Franken. Durch die Salbung mit heiligem Öl, die bewusst an die Salbung der Könige im Alten Testament anknüpft, wird das mittelalterliche Verständnis des „Gottesgnadentums“ der Kaiser und Könige grundgelegt.
753	erneuter Aufbruch zur Friesenmission
754	Ermordung an Pfingsten, wo Bonifatius ein Tauffest abhalten wollte, durch heidnische Stämme in Dokkum/Westfriesland. Überführung des Leichnams nach Mainz, später nach Fulda

Die Errichtung einer dauerhaften Kirchenorganisation und die enge Verbindung der deutschen Kirche mit dem Papst in Rom sind das bleibende Verdienst des heiligen Bonifatius.

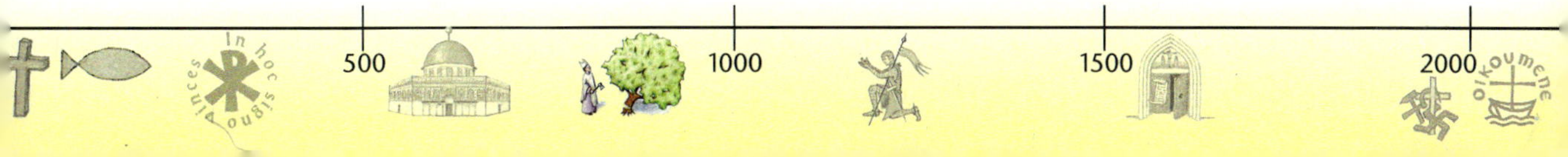

Ein Römer musste sich vor der Taufe in einem langen Katechumenat bewähren. Die Annahme der christlichen Religion war eine eigenständige Entscheidung des jeweiligen Taufbewerbers.

Ganz anders bei den Germanen: In den Beziehungen zur Welt des Göttlichen beruhte bei den Germanen nichts auf der Entscheidung des einzelnen Menschen. Und so war denn die Frage, ob man bei dem nach germanischer Auffassung allgegenwärtigen Lebenskampf auf den machtvollen Beistand Christi hoffen sollte, eine Angelegenheit, die nicht den Einzelnen, sondern den ganzen Stamm betraf.

Jean-Francois Gigoux: Chlodwigs Taufe. Gemälde (1850)

Wenn ganze Stammesteile mit ihren Anführern die Taufe begehrten, konnte die Taufzulassung schon aus rein praktischen Gründen nicht mehr vom Nachweis über die christliche Lebensführung jedes einzelnen Täuflings abhängig gemacht werden. Der Taufspendung ging allenfalls eine knappe Unterweisung in den wichtigsten Glaubensaussagen voraus, Vaterunser und Glaubensbekenntnis galten als Minimalausstattung im Glaubenswissen.

Welche Auswirkungen der christliche Glaube auf das tägliche Leben haben sollte, mussten die meisten Germanen erst nach der Taufe lernen. *„Nicht soll sich einer seines Christenstandes rühmen, wenn er nur den Namen hat, nicht aber die Werke"*, heißt es in einer Predigtvorlage des heiligen Pirmin. Aus wundersamen Legenden, neuen Gesetzesartikeln, eindringlichen Predigten und Beichtgesprächen, aus Balladen und Liedern erfuhren die getauften Erwachsenen, welche Lebensweise von einem Christen erwartet wurde.

Die Kinder schließlich sollten im ersten Lebensjahr getauft und dann von ihren Eltern christlich erzogen werden.

- Vergleicht die „christliche Sozialisation", das heißt das Erlernen christlicher Grundhaltungen, bei Römern und Germanen mit euren eigenen diesbezüglichen Erfahrungen!

Die nachfolgenden Gesetzesauszüge, die Ermahnungen der Dodana, die Erzählung aus der Korbinianslegende – all dies gibt uns Einblick in die Lebens- und Glaubenswelt des frühen Mittelalters.

- Neue Gesetze sollten ein christliches Zusammenleben ermöglichen. Welche christlichen Grundwerte sind in den folgenden Gesetzesauszügen angesprochen? Vergleicht mit heutigen Gesetzen!
- Dodana schrieb auf, was ihr als Mutter für die Erziehung ihrer Söhne besonders am Herzen lag. Bittet eure Eltern, stichpunktartig festzuhalten, was sie euch im Falle einer langen Trennung an guten Ratschlägen mit auf den Weg geben würden! Stellt Vergleiche an!

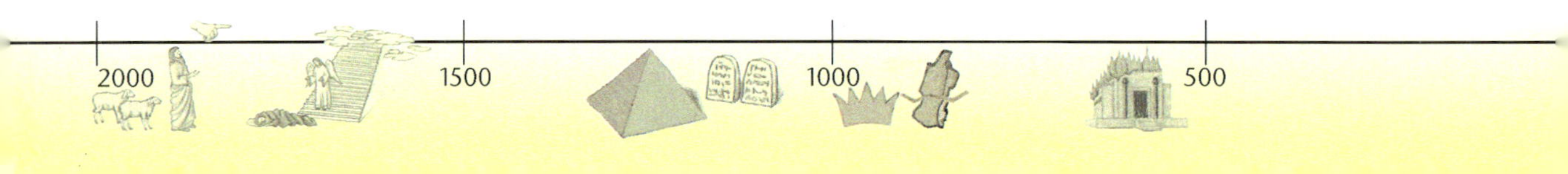

Wenn jemand vom Teufel getäuscht nach Sitte der Heiden glaubt, dass irgendein Mann oder eine Frau eine Hexe sei und Menschen isst, und er sie deshalb verbrennt oder ihr Fleisch zum Essen gibt oder sie isst, werde mit der Todesstrafe bestraft.

Am Sonntag getraue sich niemand, Knechtsarbeit zu tun. Wenn ein Knecht dieses Verbrechens überführt wird, werde er mit Stöcken geprügelt. Ein Freier aber werde bis zum dritten Mal verwarnt. Danach verliere er den dritten Teil seines Vermögens. Wenn er selbst hiernach dem Sonntag nicht Ehre erweist und Knechtsarbeit tut, dann werde er der Knechtschaft übergeben und bleibe, weil er Gott nicht dienen wollte, für immer Knecht.

Wenn sich jemand zu Wagen oder zu Schiff auf einer Reise befindet, so unterbreche er die Reise vom Sonntag bis zum Montag.

Wenn eine Magd einer anderen Frau einen Trank verabreicht, um eine Fehlgeburt auszulösen, erhalte sie 200 Peitschenhiebe; wenn aber eine freie Frau dies tut, so verliere sie ihre Freiheit und werde durch herzoglichen Befehl jemand zur Knechtschaft zugewiesen.

Niemand darf einen, der in eine Kirche flüchtet, mit Gewalt herausholen; man lasse ihn in Frieden, bis er sich freiwillig stellt. Zur Ehre Gottes und aus Achtung vor den Heiligen dieser Kirche schenke man ihm das Leben.

Wer das heilige vierzigtägige Fasten aus Verachtung für den christlichen Glauben unterlässt und Fleisch isst, soll mit dem Tod bestraft werden. Doch soll ein Priester überprüfen, ob er nicht aus einer Zwangssituation heraus Fleisch gegessen hat.

(aus alten Gesetzbüchern)

Mein lieber Sohn Wilhelm!

Wenn du aus dem Hause gehst, so habe Gott im Sinn, bezeichne dich mit dem Kreuz und sprich: „Erbarme dich meiner, gütiger Vater, und leite meine Schritte auf deinen Pfaden“ …

Du, mein Sohn, ehre deinen Vater und bete beständig für ihn, auf dass du lange lebest auf Erden. Denke daran, dass du ihm das Dasein verdankst … Ist er einst ein Greis geworden, so unterstütze ihn.

Habe alle gern, damit alle dich gern haben; liebe alle, damit alle dich lieben.

Wenn der Stolz sich in dir regt, wovor Gott dich behüten wolle, lass ihn nicht in deinem Herzen aufsteigen. Erwäge, dass Gott den Stolzen widersteht und sie zu Fall bringt.

Wenn du Gott aus ganzem Herzen liebst und die Bücher des Alten und Neuen Testaments der Reihe nach erforschst, und wenn du das, was du gelesen hast, in rechter Tat vollbringst, so wird der Geist der Weisheit über dir ruhen.

Wenn verderblicher Zorn dein Gemüt erregen will, mäßige dich, so viel du kannst.

Leihe dem Armen, auch wenn er dich ungestüm anfleht, ein williges Ohr.
In Werken der Barmherzigkeit übe dich fleißig; richte nach Gerechtigkeit. Lass dich durch Geschenke nicht bestechen und unterdrücke niemanden.
Wenn du in Not gerätst, vertraue und sprich: „Aus meinen Nöten rette mich, mein Gott.“ …
Bete auch für alle verstorbenen Gläubigen …

(aus dem Handbüchlein der Dodana)

Dodana lebte auf Befehl ihres Mannes, des Herzogs von Aquitanien, von ihren beiden Söhnen getrennt. Dennoch wollte sie diese zu frommen Christen erziehen. In einem Büchlein, das sie ihrem älteren Sohn zuschickte, fasste sie zusammen, was sie ihnen als Mutter auf den Lebensweg mitgeben wollte.

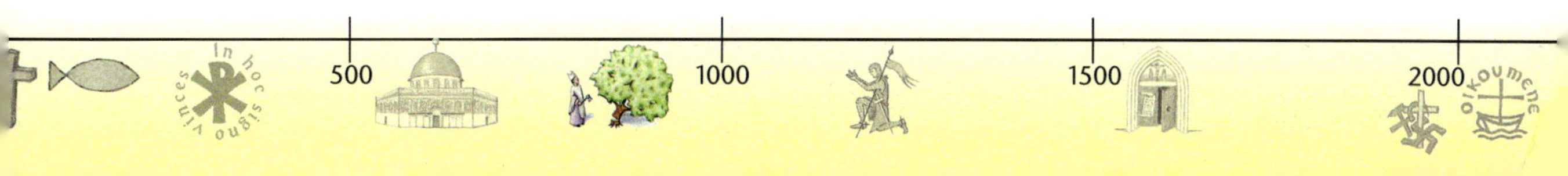

Cosmas Damian Asam: Das Fischwunder. Fresko im Freisinger Dom (1723/24)

... Als der heilige Korbinian [Diözesanpatron der Erzdiözese München und Freising] *eines Tages an einem Freitag, an dem man ja kein Fleisch essen durfte, nach Tuscien kam, erklärte der Küchenchef des Bischofs, dass er außer Fleisch keine Verpflegung für den Gottesmann mehr habe, wohl wissend, dass der Gottesmann Fleisch an diesem Tag nicht essen werde.*

Als er noch redete, schaute der Bischof zum Himmel empor. Da sah er in luftigen Höhen einen Adler und sprach: „Seht den Vogel da, durch ihn wird Gott uns in der Freigebigkeit seines Erbarmens Nahrung geben!"

Nach diesen Worten entfernte sich der Adler aus dem Gesichtskreis der Betrachter. Er hatte dank seiner scharfen Augen trotz der großen Höhe in den Fluten des Meeres einen Fisch entdeckt. Mit angelegten Schwingen stieß er hernieder, packte den Fisch und brachte ihn ans Ufer.

Während die anderen weiterzogen, lief ein Koch des Bischofs, der dies sah, seiner Gewohnheit gemäß zum Strand. Da sah er, wie der Adler auf dem Kopf des noch lebenden Fisches saß und wie der Fisch von einer Seite auf die andere schnellte. Als er sich näherte, ließ der Adler den Fisch liegen und flog davon. Und der Koch nahm den Fisch, brachte ihn dem Bischof und erzählte, was sich mit dem Adler ereignet hatte. Der Fisch aber war so groß, dass er nicht nur für den Bischof, sondern auch für alle seine Begleiter ausreichte.

Eine so wundersame Begebenheit hat man – mit Ausnahme des Wunders aus alter Zeit, als ein Rabe den Paulus und den Antonius mit Essen versorgt hatte – noch nie gehört. Doch die Freigebigkeit der erbarmenden Liebe Gottes ist so groß, dass Gott seine Diener niemals aus Not zugrunde gehen lässt.

(aus der Korbinianslegende)

?! Aus der Frühzeit der baierischen Bistümer sind über das vorbildhafte Leben heiligmäßiger Menschen viele uns heute wundersam anmutende Legenden überliefert.

- Überlegt, welchen Beitrag solche Legenden bei der Festigung der neuen christlichen Lebensweise leisten konnten!
- Untersucht Legenden aus der Anfangszeit eures Bistums auf solche pädagogischen Aspekte!
- Welche Geschichten kennt ihr, die heutigen Kindern moralisches Verhalten nahebringen sollen?

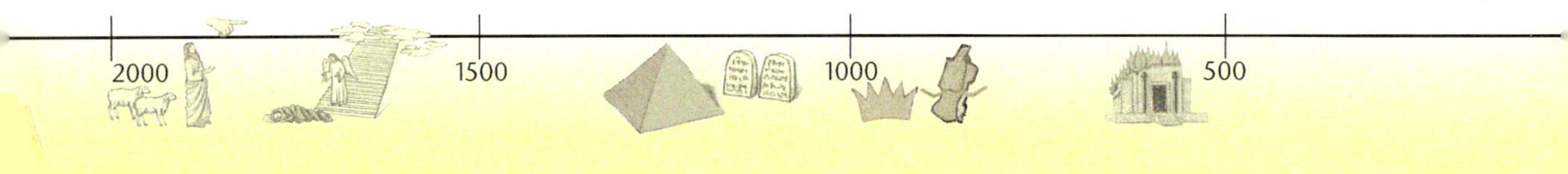

Feier der Diözesanpatrone

Die Jugendkorbinianswallfahrt – ein Beispiel

Etwa 10 000 Jugendliche nehmen den Freisinger Dom in Beschlag, wenn der Erzbischof dort mit der Jugend den Hauptgottesdienst feiert.

„Seit über fünf Jahrzehnten schon präsentiert sich in Freising dieses ungewöhnliche Bild: An einem grauen, nasskalten Novembermorgen, während die Stadt noch schläft, ziehen Scharen von Jugendlichen und jungen Erwachsenen scherzend, singend und betend den Domberg hinauf. Sternenförmig von Ismaning, Attaching, Moosburg, Pulling, Thalhausen, die meisten vom Bahnhof und den Busparkplätzen her kommend, einige die ganze Nacht zu Fuß unterwegs, erfüllen sie die Korbiniansstadt mit Leben und nehmen ihr Zentrum für einige Tage in Beschlag. Diese Wallfahrt muss schon ein besonderes ‚Feeling' vermitteln, wie die jungen Leute sagen würden; sonst würden sie ausschlafen und in ihren geheizten Wohnungen bleiben. Doch jeder und jede, die einmal in der Jugendarbeit engagiert war oder ist, kennt den Reiz der Jugendkorbinianswallfahrt. Wenigstens von Erzählungen wissen wirklich alle von der erwartungsfrohen Stimmung, mit der sich viele auf den Weg machen, und der manchmal geradezu euphorisch erfahrenen Stärkung, mit der sie heimkehren ..."

Martin Cambensy

?!

Die Diözesanpatrone genießen wegen ihrer Bedeutung für die jeweilige Diözese als frühe Heilige besondere Verehrung.

- Stellt zusammen, was ihr über eure Diözesanpatrone wisst! Falls ihr unsicher seid, leistet euch www.heiligenlexikon.de gute Hilfe.
- Erkundigt euch, wann und wie die Diözesanpatrone in eurer Diözese gefeiert werden!
- Wie ist die Jugend in diese Feiern einbezogen? Falls ihr bei einer dieser Feiern schon einmal dabei wart – berichtet!

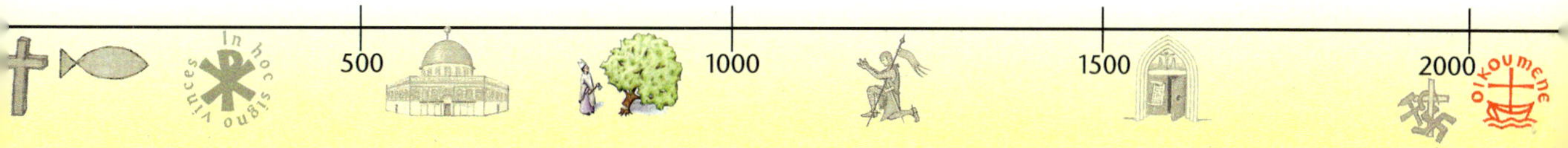

Wenn es im Jahre 780 n. Chr. bereits Zeitschriften gegeben hätte, dann hätte man in Baiern vielleicht Folgendes lesen können:

Herzoglich-baierisches Wochenblatt

45. Jahrgang – Ausgabe 18/780 Baierns erstes Nachrichtenmagazin

Die Welle der Klostergründungen reißt nicht ab

Schon über 50 neue Klöster in diesem Jahrhundert – Interview mit einem Stifter

Der Elan der baierischen Klostergründer scheint ungebrochen. Zu den wenigen Klöstern, die es um die Jahrhundertwende in unserem Land gab, sind bis heute über 50 neue dazugekommen, etwa Kremsmünster, Frauenchiemsee, Wessobrunn, Benediktbeuern, Tegernsee, Niederaltaich, Metten, Weihenstephan, Ottobeuren, Münsterschwarzach, Rott am Inn, Scharnitz, Staffelsee, Ellwangen. Und ein Ende des „Klosterbooms" ist nicht in Sicht.
Unserem Reporter Sigisbert gelang es, erstmals einen der namhaftesten baierischen Adeligen zu den Hintergründen dieses Phänomens zu befragen.

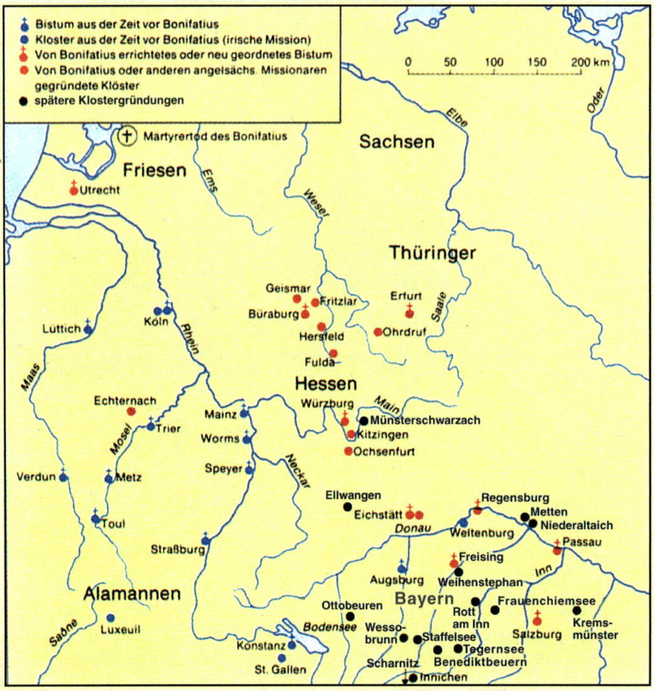

Karte: Baierische Klöster im 8. Jahrhundert

S: Wie viele Klöster hat Ihre Familie schon gegründet?
A: Wir haben bisher drei Klöster gestiftet, die Gründung eines vierten Klosters wird derzeit vorbereitet.
S: Nicht nur Ihre Familie, auch die anderen großen Adelsfamilien gründen ein Kloster nach dem anderen – allen voran die Herzogsfamilie! Was bezwecken Sie damit?
A: Nun, in erster Linie denken wir dabei an unser Seelenheil. Ein Kloster zu gründen ist ein gottgefälliges Werk. Je mehr Klöster wir gründen, desto fester wird sich der christliche Glaube im Land verwurzeln, desto mehr Menschen werden aber auch für uns beten. Das Gebet für den Stifter und seine Familie ist ja fester Bestandteil des Klosterlebens. Und wenn wir in der Nähe oder gar innerhalb der Klosterkirche bestattet werden, können wir auch nach dem Tod noch am heiligen Messopfer teilnehmen.
S: Ich möchte die religiöse Gesinnung der baierischen Adelsfamilien wirklich nicht anzweifeln – aber neben den religiösen Zielen spielen doch sicher auch handfeste politische Überlegungen eine gewichtige Rolle!
A: Natürlich verfolgen wir mit der Gründung eines Klosters auch politische und kulturelle Ziele. Vieles davon geht jedoch mit den Anliegen der Botschaft Jesu Hand in Hand.
S: Könnten Sie das etwas näher erklären?
A: Nun, wenn wir z. B. im Grenzgebiet ein Kloster gründen, dann hoffen wir langfristig auch auf einen neuen Handelsstützpunkt. Andererseits bekommen unsere heidnischen Nachbarn durch das Kloster engen Kontakt mit dem Christentum. Mit Gottes Hilfe wird es den Mönchen bald gelingen, sie von der Wahrheit des Evangeliums zu überzeugen ...

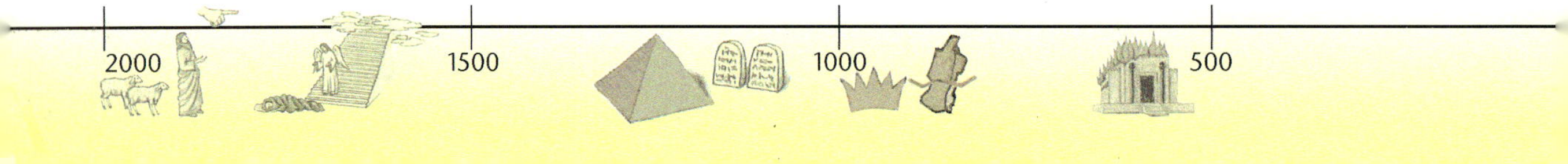

Wer ein Kloster stiften wollte, musste Geld und Ländereien zur Verfügung stellen. Zur wirtschaftlichen Existenzabsicherung übertrug der Gründer umfangreichen Grundbesitz mitsamt den dort lebenden Tributpflichtigen und Leibeigenen an das Kloster, außerdem finanzierte er den Bau von Kirche und Klosteranlagen. Nach der Berufung von (häufig zwölf) Mönchen setzte er den ersten Abt ein, die nachfolgenden Äbte wurden von den Mönchen gewählt.

Bei den meisten Klostergründern standen die Sorge um das Seelenheil und der Wunsch nach Ausbreitung und Festigung des christlichen Glaubens im Vordergrund. Darüber hinaus bildete ein Kloster jedoch eine sichere Kapitalanlage, eine innerfamiliäre Versorgungsanstalt und ein Zentrum der Sippenherrschaft. Der Kirche übertragenes Gut war dank gesetzlicher Regelungen vor dem Zugriff anderer weitgehend sicher. Die Stifterfamilie erhielt einen Teil der Klostereinkünfte, für ihre Kinder bestand die Möglichkeit der Schulbildung, Familienmitglieder konnten ins Kloster eintreten und dort gegebenenfalls zum Abt bzw. zur Äbtissin gewählt werden. Rivalisierende Adelige und Bischöfe hatten es schwer, in den oft weit verstreuten Klostersprengeln Einfluss zu gewinnen.

Häufig wurden die Klöster nach strategischen Gesichtspunkten angelegt. Im Grenzgebiet dienten sie als politische Vorposten. An den großen Land- und Wasserstraßen zogen sie Handel und Gewerbe an, beherbergten sie Pilger und Boten. In vordem unzugängliche Urwaldgebiete schlugen sie Siedlungsinseln und halfen so bei der Gewinnung und Kultivierung neuer Anbauflächen. Aus dem öffentlichen Leben war ihr von Gebet und Arbeit geprägter Lebensstil bald nicht mehr wegzudenken.

Besondere Bedeutung erlangten die Schreibstuben und Bibliotheken der Klöster. Die heilige Schrift, Messbücher, Gesetzestexte, medizinische Abhandlungen, Besitzurkunden – alles wurde in den

Schreibender Mönch, Buchmalerei (um 1150)

Schreibstuben in mühseliger Handarbeit abgeschrieben. Ohne diese Tätigkeit wäre ein großer Teil der heute bekannten antiken Kulturinhalte in der Zeit der Völkerwanderung für immer verloren gegangen.

Die Bücher bildeten einen wesentlichen Teil des Klosterschatzes, ein kunstvoll verziertes Exemplar kam im Wert einem Gutshof gleich. Trotz manch schlechter Erfahrungen mit der Rückgabemoral wurden die Bücher auch an weit entfernte Bibliotheken zum Abschreiben verliehen. So erreichten wichtige Bücher eine weite Verbreitung, die Kataloge großer Bibliotheken zählten mehrere hundert Bände.

?!

- Führt mit diesen Informationen das „Interview mit einem Stifter" schriftlich weiter!
- Setzt euer Ergebnis in Zweiergruppen szenisch um!

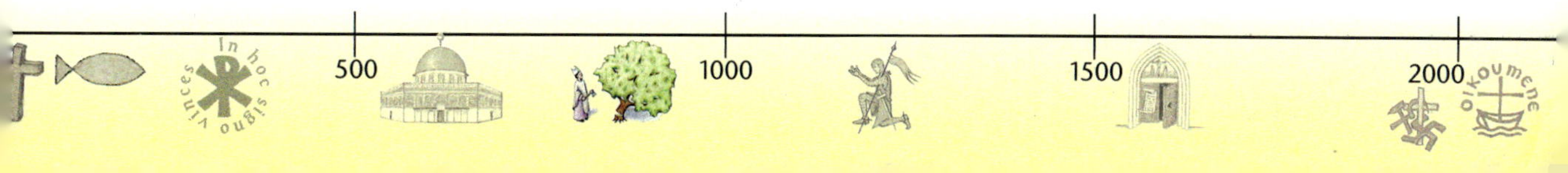

Meister von Meßkirch: Der heilige Benedikt im Gebet. Öl auf Holz (um 1530)

Der geistige Vater dieser Welle von Klostergründungen war **Benedikt von Nursia.**

Um 480 geboren, entstammte er altrömischem Landadel. Er brach eine Ausbildung zum Juristen in Rom ab und wählte die weltabgeschiedene Lebensform des Eremiten. Seine Einsiedelei bei Subiaco (im südlichen Sabinergebirge) zog mit der Zeit immer mehr Menschen an.

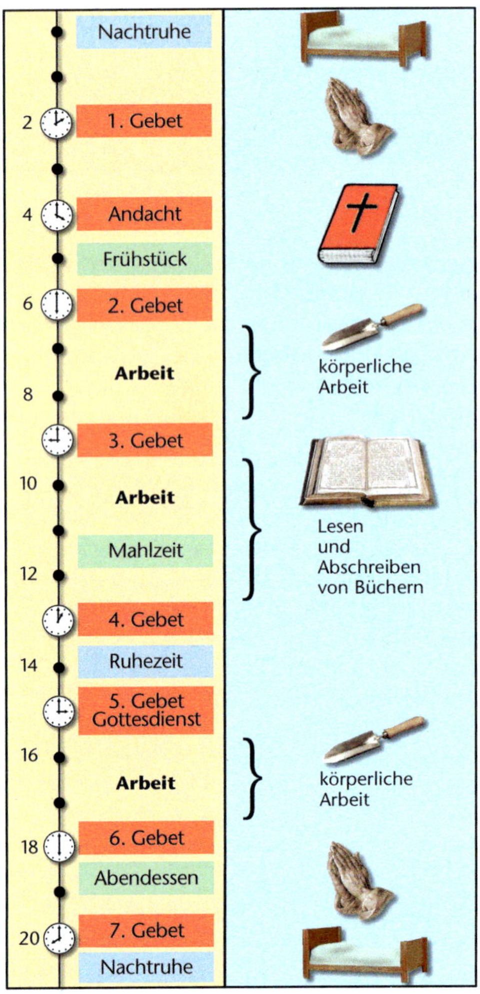

Tagesablauf im mittelalterlichen Kloster

Im Jahre 529 gründete Benedikt mit der Mönchsgemeinde von Subiaco auf dem Monte Cassino ein erstes Kloster. Seit dieser Zeit legen die 73 Kapitel der Ordensregel die Ordnung und den täglichen Lebensrhythmus jeder benediktinischen Klostergemeinschaft fest.

?!
- Das Kloster Monte Cassino hat eine bewegte Vergangenheit. Informiert euch zu Hause im Lexikon/Internet über konkrete Ereignisse aus dieser Vergangenheit!

Durch Benedikt wurde das gemeinsame Leben in einem Einzelkloster unter einem auf Lebenszeit gewählten Abt das Modell des abendländischen Mönchtums schlechthin, andere Klosterregeln, wie etwa die des hl. Columban, verloren an Bedeutung.
Die für alle verbindliche Klosterregel schweißt bis heute das benediktinische Kloster zu einer neuen Familie ohne Blutsbande und geschlechtliche Beziehungen zusammen. In der Gemeinschaft geborgen, kann der Einzelne unter Führung des Abtes bzw. der Äbtissin in Armut, Gehorsam und Enthaltsamkeit die Nachfolge Christi antreten.
Das Leben des Mönchs bzw. der Nonne soll dabei beständiger Gottesdienst sein. Dies schließt körperliche Tätigkeit ausdrücklich mit ein. „Ora et labora" – Gebet und Arbeit strukturieren im Wechsel den Tag. Weltweit leben heute ca. 10 000 Männer und 20 000 Frauen nach dieser Regel.

?!
- Der heilige Benedikt trägt den Titel „Vater des Abendlandes", 1964 wurde er zum „Patron Europas" ernannt. Erklärt, was diese Ehrentitel besagen wollen! (Bei einer die bisherigen Erkenntnisse ergänzenden Internetrecherche können euch folgende Stichpunkte behilflich sein: Ausbreitung der Klöster – politische und kulturelle Rolle der Klöster)

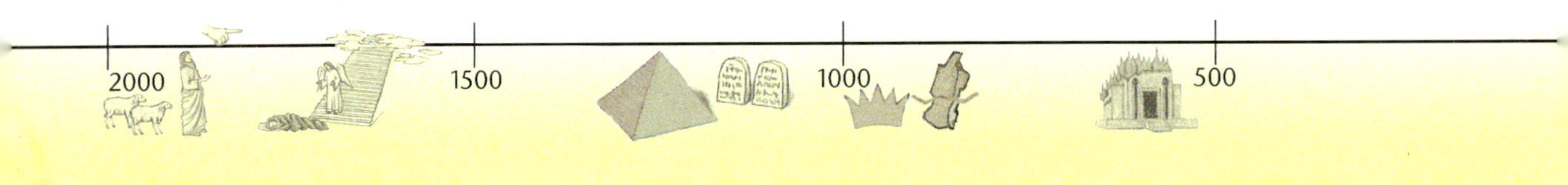

Karlmann war der älteste Sohn Karl Martells (s. S. 94). Bei der Niederschlagung von Widerstandsbewegungen zeichnete er sich durch besondere Grausamkeit aus. 746 nahm er mit Hilfe einer betrügerischen List das alemannische Heer gefangen und ließ mehrere tausend Alemannen umbringen.

Wenige Jahre später:

In Monte Cassino, dem Stammkloster des Benediktinerordens, klopfen zwei Fremde an die Klosterpforte. Einer von ihnen beteuert, dass er ein Mörder sei, und fleht, er wolle im Kloster für seine vielen Verbrechen büßen. Der Abt lässt die beiden ein, und nach der üblichen Probezeit werden sie in die Gemeinschaft aufgenommen.

Doch plötzlich ist der Klosterfrieden dahin: Der Begleiter dessen, der sich selbst einen Mörder nannte, hat in der Klosterküche den Koch mit einer Mörserkeule verprügelt! Die Mönche sind außer sich: Was erdreistet sich der Fremde, den man aus Gnade und Barmherzigkeit aufgenommen hat!

Der Übeltäter aber rechtfertigt sich: „Schon zweimal hat dieser nichtswürdige Koch, vom Wein berauscht, den allerbesten und edelsten Mann, den ich kenne, wegen nichtiger Kleinigkeiten geohrfeigt! Mein Begleiter nahm dies in verzeihender Demut hin, doch als es heute zum dritten Mal geschah – was zu viel ist, ist zu viel!“

Da geraten die Mönche noch mehr in Wut. „Wer ist denn dieser Fremde, dass du es wagst, ihn höher als alle anderen zu stellen? Nicht einmal den Abt hast du ausgenommen!“ – „Er ist Karlmann, der frühere Frankenherrscher, der aus Liebe zu Christus Herrschaft und Ruhm der Welt verlassen hat! So weit hat er sich gedemütigt, dass ihn nun die gemeinsten Leute nicht nur beleidigen, sondern sogar prügeln dürfen!“

Wir kennen bis heute nicht die genauen Gründe, die den unerbittlichen Frankenherrscher zum demütigen Mönch werden ließen – Reue, politische Ächtung wegen des Massakers ... Wie dem auch sei, die Geschichte vom Herrscher, der sich als Mönch ohrfeigen ließ, wurde zum Lehrstück für benediktinisches Verhalten. Generationen von Klosterneulingen (Novizen) sollte es als Beispiel dienen.

Da wird zum einen gezeigt, welchen Unfrieden es bringt, wenn man gegen die Klosterregel verstößt: Der Koch ist betrunken, obwohl er pro Tag höchstens einen Viertelliter Wein bekommen dürfte. Er schlägt zu, wobei doch über eine eventuelle Bestrafung allein der Abt zu entscheiden hat. Der namenlose Begleiter Karlmanns wird ebenfalls gewalttätig, und das, obwohl die Parteinahme für einen Mitmönch im Kloster verpönt ist, „auch wenn beide noch so eng durch Blutsverwandtschaft verbunden wären“. Trotz der Mahnung der Klosterregel, dass dies schlimmste Verwüstungen anrichte, spricht er von Dingen, die er außerhalb des Klosters erfahren hat, und er beschimpft einen Mitbruder, wobei vor Gott doch *alle* Menschen nichtswürdige Knechte sind.

Auf der anderen Seite steht Karlmann als Paradebeispiel für einen mustergültigen Mönch: Er hat von seinem früheren Leben so radikal Abschied genommen, dass selbst größte Demütigungen ihn nicht dazu verleiten, seine vornehme Herkunft anzusprechen. Mit der geforderten Armut hat er Ernst gemacht, erlittenem Unrecht begegnet er mit Sanftmut, gehorsam ordnet er sich ein in die neue Gemeinschaft, in der das bisherige Leben nichts mehr zählt.

?!

- Durch den Bericht aus Monte Cassino schimmern mehrere Anweisungen der Klosterregel. Filtert sie heraus!
- Stellt in einem inszenierten Gespräch zwischen Karlmann und seinem Begleiter die Beweggründe für deren jeweiliges Handeln dar!

Ein Beispiel:

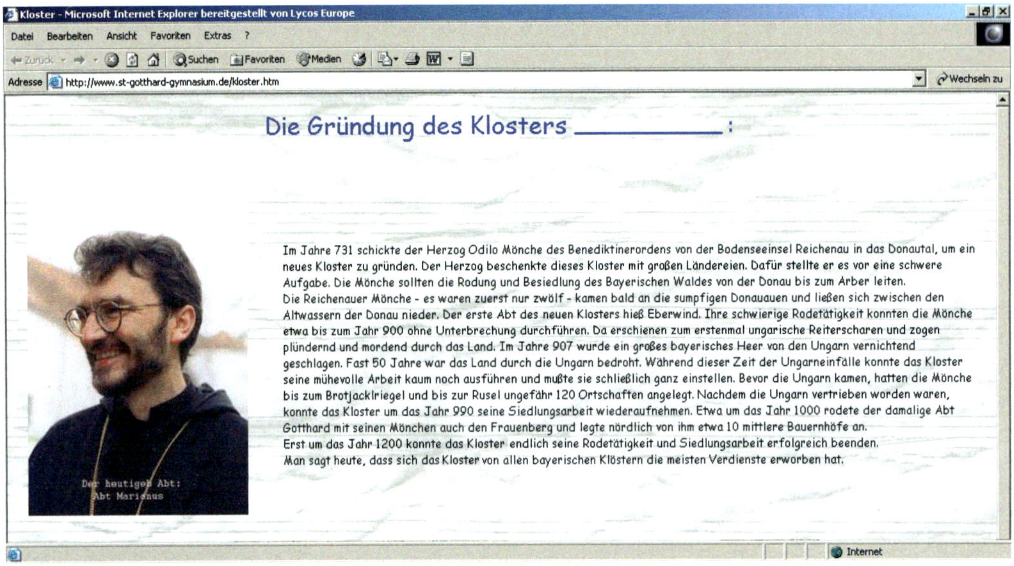

Die Gründung des Klosters ________:

Im Jahre 731 schickte der Herzog Odilo Mönche des Benediktinerordens von der Bodenseeinsel Reichenau in das Donautal, um ein neues Kloster zu gründen. Der Herzog beschenkte dieses Kloster mit großen Ländereien. Dafür stellte er es vor eine schwere Aufgabe. Die Mönche sollten die Rodung und Besiedlung des Bayerischen Waldes von der Donau bis zum Arber leiten.
Die Reichenauer Mönche - es waren zuerst nur zwölf - kamen bald an die sumpfigen Donauauen und ließen sich zwischen den Altwassern der Donau nieder. Der erste Abt des neuen Klosters hieß Eberwind. Ihre schwierige Rodetätigkeit konnten die Mönche etwa bis zum Jahr 900 ohne Unterbrechung durchführen. Da erschienen zum erstenmal ungarische Reiterscharen und zogen plündernd und mordend durch das Land. Im Jahre 907 wurde ein großes bayerisches Heer von den Ungarn vernichtend geschlagen. Fast 50 Jahre war das Land durch die Ungarn bedroht. Während dieser Zeit der Ungarneinfälle konnte das Kloster seine mühevolle Arbeit kaum noch ausführen und mußte sie schließlich ganz einstellen. Bevor die Ungarn kamen, hatten die Mönche bis zum Brotjacklriegel und bis zur Rusel ungefähr 120 Ortschaften angelegt. Nachdem die Ungarn vertrieben worden waren, konnte das Kloster um das Jahr 990 seine Siedlungsarbeit wiederaufnehmen. Etwa um das Jahr 1000 rodete der damalige Abt Gotthard mit seinen Mönchen auch den Frauenberg und legte nördlich von ihm etwa 10 mittlere Bauernhöfe an.
Erst um das Jahr 1200 konnte das Kloster endlich seine Rodetätigkeit und Siedlungsarbeit erfolgreich beenden.
Man sagt heute, dass sich das Kloster von allen bayerischen Klöstern die meisten Verdienste erworben hat.

?!

- Von welchem Kloster ist auf dieser Homepage des St.-Gotthard-Gymnasiums die Rede? Informiert euch im Internet!

Heute sieht die oben beschriebene Abtei ihre Hauptaufgaben in der Bildungsarbeit, im Tagungs- und Gästebetrieb, in der Verständigung zwischen den getrennten Christen in Ost und West und in der Erziehungsarbeit in der Schule.

Diesen Aufgaben dienen u. a. das Ökumenische Institut, das Tagungs- und Gästehaus St. Pirmin sowie das Gymnasium St. Gotthard.

Im „Kloster auf Zeit" besteht das Angebot, zwei Wochen lang mit den Mönchen zu leben, um in der Stille, im Gebet, im Gespräch und in spezieller Unterweisung eine Neuorientierung für das eigene Leben zu finden.

Auch in der Seelsorge sind die Mönche tätig, die Ortspfarrei wird durch Mönche des Klosters betreut.

Und im Klosterladen mit seiner meist geistlich-meditativen Hintergrundmusik erfreut sich das Warenangebot, das von CDs mit liturgischen Gesängen bis zum Klosterlikör reicht, regen Zuspruchs.

?!

Über alle bayerischen Klöster findet ihr im Internet nähere Angaben.

- Erkundet, welche Klöster es heute in Bayern gibt, und erarbeitet in Gruppen einen historischen Überblick über die wechselvolle Geschichte und Betätigung möglichst unterschiedlicher Klöster!
  (Bei der Auswahl könnte auch die Nähe zu eurer Schule eine Rolle spielen.)
- Fasst eure Ergebnisse – falls technisch möglich – in einer PowerPoint-Präsentation, ansonsten in einer frei gewählten Präsentationsform zusammen!

Präsentationsgestaltung

Effektives Vortragen erfordert vier Schritte: ***Informieren, Planen, Aufbereiten, Präsentieren.*** – Gleichgültig, ob man nun mit PowerPoint oder einem ähnlichen Programm eine „professionelle" Veranschaulichung erstellt oder mittels Folien oder Plakaten seinen Vortrag auf „klassische Weise" optisch unterstützt.

1) Informieren

Allgemein: Basis eines jeden Vortrags ist eine gründliche Information. Verschafft euch über Internet, Lexika und Fachbücher möglichst viel Wissen über euer Thema.

Klosterpräsentation: Wenn ihr über einzelne Aktivitäten genauer Bescheid wissen wollt, fragt ihr am besten per E-Mail beim Webmaster des betreffenden Klosters an!

2) Planen

Allgemein: Bei der Planung ist vom Wissensstand und dem Interesse der Zuhörer auszugehen, die gesammelten Informationen müssen entsprechend gesichtet werden. Manches muss dabei aussortiert werden, als Faustregel gilt: Was euch interessiert, interessiert auch andere, was ihr selbst nicht versteht, könnt ihr auch nicht vermitteln. Weniger ist deshalb oft mehr!

Klosterpräsentation: Achtet besonders auf die Punkte, die „euer" Kloster von anderen unterscheiden. Wenn jede Gruppe die Klosterregel erläutert, wird's für die Zuhörer langweilig!

3) Aufbereiten

Allgemein: Jetzt kommt die eigentliche Aufbereitung. Bei allen technischen Raffinessen, die z. B. mit PowerPoint möglich sind, ist das Hauptaugenmerk aber auf Klarheit, optische Wirkung, Einprägsamkeit und natürlich die inhaltliche Korrektheit zu richten. Vermeidet es, durch zu viel „Schnickschnack" die Zuhörer vom eigentlichen Inhalt eures Vortrags abzulenken! Die einzelnen Folien/Plakatabschnitte/... dürfen nicht überladen sein, achtet auf eine gut lesbare Schriftgröße und denkt daran: Es sollen nur die Kernpunkte eures Vortrags aufscheinen, niemals der ganze wörtlich ausformulierte Vortrag!

Klosterpräsentation: Schön wäre es, wenn ein Bild/Symbol, das für „euer" Kloster kennzeichnend ist, immer wieder auftaucht und so den Zusammenhang des Ganzen schon rein optisch zum Ausdruck bringt.

4) Präsentieren

Allgemein: Manche Präsentation leidet darunter, dass der Vortragende alles möglichst schnell hinter sich bringen möchte und dies seinen Zuhörern auch deutlich signalisiert. Dadurch kann die ganze stundenlange Vorbereitungsarbeit entwertet werden!

Grundsätzlich gilt: Der Vortragende zeigt durch sein ganzes Auftreten, seine Körpersprache und seine Ausdruckweise, dass sein Referat interessant und wichtig ist! Er drückt sich klar und bündig aus und baut in seinen Vortrag Überraschungsmomente mit ein. (Hierfür eignen sich optische Elemente besonders gut. Überlegt gegebenenfalls genau, wann ihr per Mausklick welche Elemente einblendet – nicht zu früh, um nicht die Spannung zu zerstören, aber auch nicht zu spät, wenn der betreffende Punkt schon abgehakt ist!)

Klosterpräsentation: Und jetzt: **Action!**

Distanz der frühen Kirche zum Staat – die Frage nach dem Gewaltverzicht

Selig, die keine Gewalt anwenden; denn sie werden das Land erben.

Ihr habt gehört, dass gesagt worden ist:

Auge für Auge und Zahn für Zahn.

Ich aber sage euch: Leistet dem, der euch etwas Böses antut, keinen Widerstand, sondern wenn dich einer auf die rechte Wange schlägt, dann halt ihm auch die andere hin.

Otto Pankok: Christus zerbricht das Gewehr. Holzschnitt (1950)

Selig, die Frieden stiften; denn sie werden Söhne Gottes genannt werden.

Ihr habt gehört, dass gesagt worden ist:

Du sollst deinen Nächsten lieben und deinen Feind hassen.

Ich aber sage euch: Liebt eure Feinde und betet für die, die euch verfolgen ...

(Mt 5,5.9.38-39.43-44)

... Da gingen sie auf Jesus zu, ergriffen ihn und nahmen ihn fest. Doch einer von den Begleitern Jesu zog sein Schwert, schlug auf den Diener des Hohenpriesters ein und hieb ihm ein Ohr ab. Da sagte Jesus zu ihm: Steck dein Schwert in die Scheide; denn alle, die zum Schwert greifen, werden durch das Schwert umkommen. *(Mt 26,50-52)*

„Deus lo vult!" – Gott will es! Mit diesem Schlachtruf rief Papst Urban II. (~1035–1099) zum ersten Kreuzzug auf.

Deutsche Verwundete im Ersten Weltkrieg vor „patriotischer" Flagge (1915)

?!

- Benennt die auf dieser Seite dargestellten Gegensätze!
- Stellt Vermutungen an, wie diese Gegensätze erklärbar sein könnten!

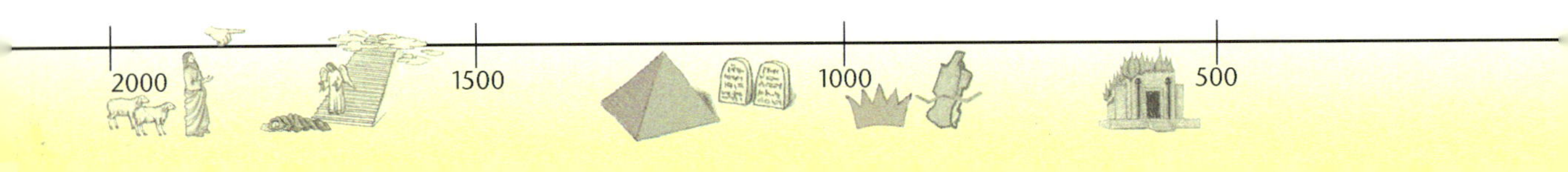

Der von Jesus bis zur letzten Konsequenz vorgelebte Gewaltverzicht und seine Aufforderung zur Feindesliebe wurden von vielen Mitgliedern der frühen Kirche als Absage an jeglichen Militärdienst verstanden. „Der Herr hat mit der Entwaffnung des Petrus jedem Soldaten das Schwert abgeschnallt", meinte Tertullian, der um das Jahr 200 n. Chr. in aufsehenerregenden Schriften die christliche Religion verteidigte. Doch dies sahen schon damals nicht alle Christen so. Christliche Soldaten, die auf ihren Einsätzen in alle Gebiete des Römischen Weltreichs kamen, hatten als Glaubensboten sogar wesentlichen Anteil an der schnellen Ausbreitung der neuen Religion.
Neben der grundsätzlichen Frage, ob ein Christ überhaupt Gewalt ausüben dürfe, warf der Militärdienst noch weitere Probleme auf. Die im heidnischen römischen Heer üblichen Opfer galten in den Augen der Kirche als Götzendienst. Zudem stellte der Soldateneid für die Römer eine Weihehandlung dar, womit er nach christlicher Sicht im Widerspruch zum Taufgelübde, zur „Christusweihe", stand. Bereits zu dieser Zeit wurden erste Kompromisse gesucht. So sollte sich z. B. kein Christ freiwillig als Soldat melden; falls er aber schon vor der Taufe Soldat sei, dürfe er dies bleiben, solange er nicht töte und keine heidnischen Opfer bringe.

?!

- Welches Bild vom Militärdienst wird hinter dieser – auf den ersten Blick seltsamen – Weisung erkennbar? Erscheint eine solche Sichtweise aus heutiger Perspektive realistisch?

Etliche Christen entschieden sich jedoch trotz aller Kompromissvorschläge für die in ihren Augen konsequentere Form der Nachfolge Christi: *„Non possum militare – Christianus sum"* („Ich kann nicht Militärdienst leisten – ich bin Christ") – mit dieser klaren Haltung verweigerte nicht nur der hl. Maximilian den Soldatendienst.

Maximilian war als Sohn eines römischen Veteranen zum Militärdienst verpflichtet. Bei seiner Musterung im Jahre 295 n. Chr. weigerte er sich mit Verweis auf sein Christsein, dieser Verpflichtung nachzukommen. Daraufhin wurde er mit dem Schwert hingerichtet.

Was es andererseits aber auch bedeuten konnte, als christlicher Soldat zu seiner Glaubensüberzeugung zu stehen, das wird am legendarischen Bericht über das Martyrium des hl. Mauritius und seiner Gefährten deutlich:

Mauritius soll als römischer Offizier Anführer einer Legion gewesen sein, die nur aus Christen bestand. Als diese Legion sich weigerte, den alten Göttern zu opfern und sich an der Verfolgung von Christen zu beteiligen, sollen schließlich alle Soldaten samt ihren Kommandanten hingerichtet worden sein.

El Greco: Das Martyrium des hl. Mauritius. Öl auf Leinwand (1582)

?!

- Warum war es für die frühe Kirche insgesamt relativ einfach, Distanz zu staatlicher Machtausübung zu halten?
- Dem Vorwurf, Staatsfeinde zu sein, begegneten frühe Christen mit dem Hinweis, sie würden für das Wohl von Kaiser und Reich beten und so mehr bewirken als mit militärischer Gewalt. Nehmt Stellung zu diesem Argument!

Staatliche Machtausübung zur Verteidigung christlicher Völker

Hagia Sophia, Nachfolgebau der im Jahre 360 n. Chr. vollendeten Hauptkirche Konstantinopels

Kaiser-Konstantin-Silbermedaillon (um 315 n. Chr.)

Als Kaiser Konstantin das Zentrum des Römischen Weltreichs an den Bosporus verlagerte und im Jahr 330 n. Chr. die neue Hauptstadt Konstantinopel als „zweites Rom" feierlich einweihte, fehlten dort ein kapitolinischer Tempel, der Vestakult und jedes heidnische Priesterkollegium. Statt dessen schmückten Monumente mit christlichen Darstellungen die öffentlichen Plätze der Stadt, das Zeichen des Kreuzes fand sich inmitten der Deckentäfelung des kaiserlichen Palastes, und christliche Gotteshäuser gehörten von Anfang an zum Bauplan des Kaisers. Viele meinten, die von Jesus angekündigte Gottesherrschaft sei nun politische Wirklichkeit geworden.

?!

- Welche Auswirkung könnte die „Konstantinische Wende" auf die Einstellung der Kirche zum Militärdienst und allgemein zur staatlichen Macht gehabt haben? Begründet eure Meinungen!

Spätestens seit dem Ende des 4. Jahrhunderts war für Rom die Zeit der großen Eroberungskriege endgültig vorbei. Germaneneinfälle bedrohten die Existenz des Reiches und riefen gerade auch bei der Zivilbevölkerung Furcht und Schrecken hervor. Als im Jahre 410 die Goten unter ihrem König Alarich Rom plünderten, sahen die Anhänger der alten römischen Religion darin die verdiente Strafe der Götter, die früher die Macht und den Ruhm Roms garantiert hätten.

?!

- Diskutiert, ob in dieser Situation die Zurückhaltung der frühen Kirche gegenüber Militäreinsätzen weiterhin angebracht gewesen wäre!

Der hl. Augustinus, der als Bischof von Hippo (Nordafrika) während der Belagerung seiner Bischofsstadt durch die Vandalen starb, überlegte unter dem Eindruck der Germaneneinfälle das Problem der militärischen Verteidigung neu. Er entwickelte dabei die in der Kirche viele Jahrhunderte lang Gültigkeit beanspruchende **„Lehre vom gerechten Krieg"**.

Antonello da Messina: Der hl. Augustinus. Tempera auf Holz (um 1472/73)

Für Augustinus ist Krieg grundsätzlich ein Werk des Teufels, Ausdruck widergöttlicher Gesinnung. Er gehört zum irdischen, immer auch widergöttlichen Bereich, der zu dem von Jesus verheißenen Gottesreich in Spannung steht. Um im irdischen Bereich aber wenigstens die staatliche Ordnung aufrecht zu erhalten, ohne die auch die Kirche ihren Heilsauftrag nicht erfüllen könnte, sieht Augustinus unter gewissen Voraussetzungen einen Krieg als letztes Mittel für gerechtfertigt an, und zwar wenn er

- den Frieden als Ziel hat,
- sich gegen begangenes Unrecht wendet,
- von einer legitimen Autorität angeordnet ist,
- in seiner Ausführung nicht gegen Gottes Weisungen verstößt.

?!

- Die deutschen Bischöfe überschrieben im Jahr 2000 eine viel beachtete Erklärung mit dem Titel „Gerechter Friede".
Überlegt, was mit der Wahl dieses Titels wohl zum Ausdruck gebracht werden sollte!

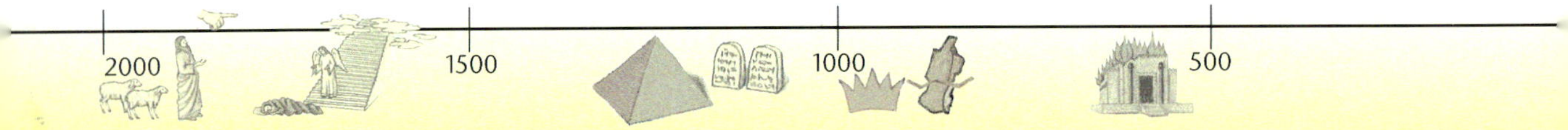

Zwei Beispiele für gerechte Kriege?

Nach Muhammads Tod hatten die muslimischen Araber unter anderem die bis dahin christlichen Gebiete Nordafrikas erobert und waren über Spanien bis ins heutige Frankreich vorgedrungen (siehe Karte auf S. 122). Von dort aus drohte ganz Mitteleuropa überrannt zu werden, das Fortbestehen des Christentums in Europa war extrem gefährdet.

Karl Martell, der Hausmeier des seit der Taufe des Frankenkönigs Chlodwig I. christlichen Frankenreichs, sammelte in dieser Situation sein gepanzertes Reiterheer und besiegte im Jahr 732 die Araber bei Poitiers. Es gelang ihm, das Herrschaftsgebiet der Kalifen hinter die Pyrenäen nach Spanien zurückzudrängen. Er schuf damit eine wesentliche Grundlage für ein jahrhundertelang christliches Europa.

- Kann unter solchen Bedingungen ein Verteidigungskrieg aus christlicher Sicht gerechtfertigt sein? Diskutiert verschiedene Ansichten und nehmt dabei immer auch auf die Botschaft Jesu Bezug!

Im 10. Jahrhundert erschütterten Einfälle heidnischer Ungarn große Teile Mitteleuropas. Die Ungarn plünderten und zerstörten zahlreiche Städte und Klöster, wobei ihre Überfälle immer ähnlich abliefen: Urplötzlich tauchte eine Reiterhorde auf, tötete die wehrfähigen Männer, trieb Frauen und junge Burschen als Sklaven zusammen, raubte alle Wertgegenstände und zog brandschatzend weiter.

Im Jahre 955 hatten die Ungarn in Baiern und Schwaben wieder eine Schneise der Verwüstung geschlagen.

Als sie Augsburg belagerten, gelang es Bischof Ulrich, die Stadt so lange zu verteidigen, bis König Otto I. mit einem großen Heeresaufgebot zu Hilfe kam und den Ungarn in der Schlacht auf dem Lechfeld eine vernichtende Niederlage beibrachte. König Otto griff in dieser Schlacht selbst zur „heiligen Lanze", die angeblich einen Partikel eines Kreuznagels Christi enthielt. Legenden nach gehörte die Lanze einst dem heiligen Mauritius (s. S. 91) oder aber dem römischen Hauptmann, der damit bei der Kreuzigung den Tod Jesu überprüft haben soll.

Fresko in der Kirche „St. Ulrich" in Hohenfels (1718–21) von Cosmas Damian Asam

Der Legende nach erhielt Bischof Ulrich, der während der Schlacht angeblich weder Waffen noch Rüstung trug, aus den Händen eines Engels das „crux victorialis", das siegreiche Kreuz.

- Woran erinnert die Legende vom „crux victorialis"?
- „Wunderwaffen" vom Typ der „heiligen Lanze" konnten einem christlichen Heer im Mittelalter einen ungeheuren Motivationsschub verleihen. Beschreibt die immense Spannung, die zwischen den Berichten vom „Bischof ohne Waffen" und dem „Einsatz der heiligen Lanze" besteht!
- Es ist bis heute umstritten, welche Haltung die Kirche gegenüber dem Einsatz auch defensiver staatlicher Machtmittel einnehmen soll. Diskutiert verschiedene Sichtweisen!

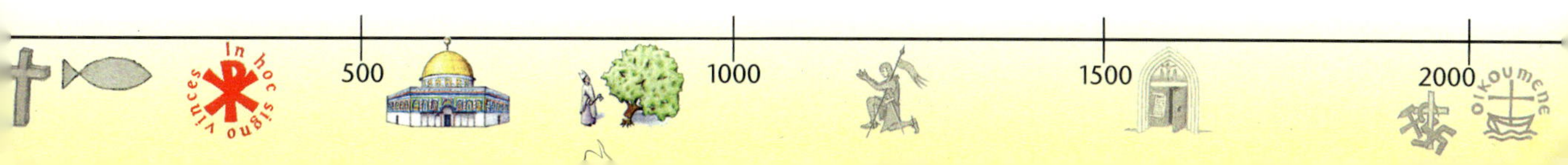

Kreuzzüge

Karl Martell hatte mit seinem Sieg bei Poitiers die islamische Offensive im Bereich des ehemals weströmischen Reichs abgewehrt. Die byzantinischen Kaiser, die das oströmische Reich von Konstantinopel (Byzanz) aus weiterhin regierten, verteidigten ihr Gebiet gegen das Vordringen des Islam mit wechselndem Erfolg. Trotz aller politischen und theologischen Gegensätze zwischen Rom und Byzanz unterstützten europäische Söldner jahrhundertelang diesen Abwehrkampf als gemeinsame Aufgabe der Christenheit.
Es war somit nichts Ungewöhnliches, als im Jahr 1095 ein Hilfeersuchen des byzantinischen Kaisers Alexios I. Papst Urban II. erreichte. Der Kaiser erbat Söldner, um verlorenes christliches Gebiet zurückzuerobern. Eine solche Rückeroberung fiel nicht unter die kirchliche Ächtung von Angriffskriegen.

Kreuzritter aus dem Templerorden verfolgen fliehende Gegner. Buchminiatur (14. Jh.)

Papst Urban II. rief noch im gleichen Jahr in einer flammenden Predigt dazu auf, den bedrängten Glaubensbrüdern im Osten beizustehen. Er brandmarkte die Entweihung von Kirchen und heiligen christlichen Stätten durch die Heiden, wies besonders auf die Heiligkeit Jerusalems mit dem Grab Christi hin und versprach nicht nur den Erlass aller Sündenstrafen (Ablass), sondern auch reiche himmlische und weltliche Belohnung. Außerdem rief er dazu auf, die unseligen Fehden christlicher Ritter untereinander, welche die Kirche schon seit Langem zu unterbinden versuchte, durch einen rechtmäßigen Krieg gegen einen gemeinsamen Feind zu beenden.
Seine Predigt traf auf eine begeisterte Resonanz. Die Zuhörer hefteten sich sogleich als Zeichen der Nachfolge Christi Stoffkreuze an die Schultern und gelobten, die „Pilgerfahrt" nach Jerusalem anzutreten. Ihr Ruf „Deus lo vult" – „Gott will es" wurde zum Schlachtruf aller Kreuzfahrer.
In der Folgezeit machten sich Abertausende auf den Weg ins Heilige Land. Religiöse Begeisterung, der versprochene vollkommene Ablass, Flucht aus wirtschaftlicher Notlage, Abenteuerlust und Beutegier – die unterschiedlichsten Motive führten Menschen aus allen gesellschaftlichen Schichten zu diesem gemeinsamen Ziel zusammen.
Im Jahr 1098 erzielten die Kreuzfahrer mit der Einnahme Jerusalems einen triumphalen Erfolg. In der Folgezeit führten deutsche Kaiser, Könige von Frankreich, England, Ungarn und viele europäische Fürsten und Grafen immer wieder Kreuzfahrerheere mit unterschiedlichem Erfolg Richtung Palästina. Bisweilen geschah dies auf direkte Anordnung des Papstes, dessen weltliche Machtstellung zu dieser Zeit ihren Höhepunkt erreicht hatte.
Die neu errichteten Kreuzfahrerstaaten konnten auf Dauer gegen die feindliche Übermacht nicht bestehen. Im Jahr 1291 beendete der Fall der letzten Kreuzfahrerbastion ein Kapitel europäischer Expansionspolitik, das in arabischen Ländern bis heute mit traumatischen Erinnerungen verbunden ist.

?!

- Welche Argumente werden auch heute noch zur Begründung „religiöser" Kriege verwendet? In welchem Zusammenhang geschieht dies? Wo seht ihr Parallelen zur Kreuzzugszeit?

Die folgenden Bilder und (nachempfundenen) Schlagzeilen geben einen Einblick in die Geschehnisse der Kreuzzugszeit.

Idee des Kreuzzugs vor schnellem Aus?
Erste Kreuzfahrergruppe nahezu aufgerieben

Ungläubige auch bei uns bekämpft
Kreuzfahrer metzeln im Rheinland die Juden nieder

Sensationeller Fund der heiligen Lanze
Kreuzfahrer mit neuem Mut und Siegeswillen

Kreuzfahrer erobern Jerusalem
Vor und nach dem Dankgottesdienst baden die Eroberer im Blut der Ungläubigen

Tragisches Ende eines Kindertraums
Tausende Mädchen und Knaben landen auf dem Sklavenmarkt

Konstantinopel geplündert
Kreuzfahrer erobern das „Rom des Ostens"

Franziskus begegnet dem Sultan
Franz von Assisi will ohne Waffen überzeugen

Viel Steine gab's und wenig Brot
Unsägliche Strapazen auf dem Weg ins Heilige Land – Erinnerungen eines Heimkehrers

Unter der Führung von Peter dem Einsiedler machten sich etwa 40 000 Menschen auf den Weg nach Jerusalem.

Die Eroberung Antiochias

Auf ihrem Weg nach Jerusalem plünderten die Kreuzfahrer das Land aus, da sie Nahrungsmittel und Holz benötigten.

Die Eroberung Jerusalems durch die Kreuzritter war so grausam, dass sie in der islamischen Welt noch heute unvergessen ist.

- Sucht in Kleingruppen einzelne Bilder und Schlagzeilen heraus, erkundet den jeweiligen Vorgang und stellt ihn in einem Kurzreferat der Klasse vor!

Inquisition

Die Kreuzzugsidee beschränkte sich nicht auf die Eroberung Palästinas. Die Vorstellung, die Wahrheit des von der Kirche verkündeten christlichen Glaubens notfalls mit staatlicher Gewalt durchsetzen zu müssen, führte auch zu regelrechten Feldzügen gegen verschiedene „Ketzerbewegungen“. Es handelte sich dabei vor allem um Gruppierungen, die den Reichtum der Kirche, deren weltliche Machtausübung und die moralische Verwahrlosung des Klerus anprangerten und teilweise regelrechte Gegenkirchen gründeten. Solcher Protest stellte nicht nur die gesamte mittelalterliche Staatsauffassung in Frage, sondern untergrub auch grundsätzlich die Idealvorstellung einer unter päpstlicher Führung in christlichem Frieden geeinten Welt.

Die bedeutendsten dieser religiösen Bewegungen waren die ***Katharer*** (= die Reinen), in Frankreich auch ***Albigenser*** genannt, und die ***Waldenser***. Die Katharer sahen den „guten Gott“ des Neuen Testaments in einem ständigen Kampf mit dem „bösen Schöpfergott“ des Alten Testaments, der in radikaler Interpretation sogar mit dem Satan gleichgesetzt wurde. Wie die Waldenser, die wegen ihrer streng moralischen, am Evangelium orientierten Lebensform zunehmend Anhänger gewannen, verwarfen sie die kirchliche Lehrautorität und lehnten Heilige, Bilder- und Reliquienverehrung genauso ab wie Ablass, Eid, Zehnt, Kriegsdienst und Todesstrafe.

Karl von Piloty: Verhör einer „Hexe“. Kolorierter Kupferstich (1862)

Peyrepertuse. Diese Burg wurde um 1241 von den Katharern erbaut und während der Ketzerverfolgungen zerstört.

„Ketzer“ mussten sich seit dem 13. Jahrhundert vor der Inquisition, einem geistlichen Gericht zur Reinhaltung des Glaubens, verantworten. Bei einem Schuldspruch, auch wenn er durch Folter erzwungen war, wurden sie der staatlichen Gewalt zur Urteilsvollstreckung übergeben. Die von Papst und Kaiser gleichermaßen anerkannte Aufgabenteilung, wonach die Kirche für das Seelenheil, der Staat für die öffentliche Ordnung zuständig war, garantierte den Bestand der mittelalterlichen Gesellschaftsordnung. Streit gab es allerdings darüber, ob dem geistlichen oder dem weltlichen Schwert, also Papst oder Kaiser, der Vorrang gebühre.

Im Zuge der rasch um sich greifenden Hexenverfolgungen waren die Inquisitionsgerichte bald in ganz Europa tätig. Die uralte, zu Beginn des christlichen Mittelalters als Aberglaube gebrandmarkte Furcht vor Schadzauber, Hexerei und Teufelswerk (s. S. 75) kehrte zu Beginn der Neuzeit mit ungeheurer Eigendynamik zurück.

?!

- Erkläre, wieso die Inquisition gerade im Zeitalter der Kreuzzüge aufkam!
- Warum sind Versuche, religiös Andersdenkende gewaltsam zu unterdrücken, mit dem christlichen Menschenbild im Grunde immer unvereinbar?

Das Schuldbekenntnis des Papstes

Papst Johannes Paul II. (1920–2005) hat im Jahr 2000 in einer historischen Geste sieben Bitten um Vergebung für die Fehler von Christen in der 2000-jährigen Kirchengeschichte vorgetragen. Er nahm dabei insbesondere auch auf die Kreuzzüge und die Inquisition Bezug, ohne sie allerdings direkt beim Namen zu nennen.

2. Bitte: Bekenntnis der Schuld im Dienst der Wahrheit

Kardinal Joseph Ratzinger

(im Jahr 2000 Vorsitzender der Glaubenskongregation, der Nachfolgebehörde der ehemaligen Inquisitionsbehörde; seit dem Jahr 2005 Papst Benedikt XVI.):

Lass jeden von uns zur Einsicht gelangen, dass auch Menschen der Kirche im Namen des Glaubens und der Moral in ihrem notwendigen Einsatz zum Schutz der Wahrheit mitunter auf Methoden zurückgegriffen haben, die dem Evangelium nicht entsprechen. Hilf uns, Jesus Christus nachzuahmen, der mild ist und von Herzen demütig.

Papst Johannes Paul II.:

Herr, du bist der Gott aller Menschen. In manchen Zeiten der Geschichte haben die Christen Methoden der Intoleranz zugelassen. Indem sie dem großen Gebot der Liebe nicht folgten, haben sie das Antlitz der Kirche, deiner Braut, entstellt. Erbarme dich deiner sündigen Kinder und nimm unseren Vorsatz an, der Wahrheit in der Milde der Liebe zu dienen und sich dabei bewusst zu bleiben, dass sich die Wahrheit nur mit der Kraft der Wahrheit selbst durchsetzt. Darum bitten wir durch Christus, unseren Herrn.

?!

Manchen Kritikern ging diese Bitte des Papstes um Vergebung nicht weit genug; sie sprachen von Verharmlosung und Verhöhnung der Opfer.

- Nehmt aus eurer Sicht Stellung zu diesem Vorwurf! Vergleicht hierzu auch die nachfolgende dpa-Meldung mit anderen euch zugänglichen seriösen Berichten über das Ausmaß von Inquisition und Hexenverfolgung (Lexika, Sachbücher, Internet)!

Vatikan: Inquisition forderte weniger Opfer als angenommen

(Rom/dpa) – Die Inquisition der katholischen Kirche im Mittelalter hat nach Forschungen im Vatikan wesentlich weniger Opfer gefordert als oftmals angenommen. Bislang gab es immer wieder Berichte, die von Hunderttausenden oder gar bis zu drei Millionen Inquisitionsopfern sprachen; allerdings warnen andere unabhängige Forscher seit Längerem vor solch hohen Zahlen.

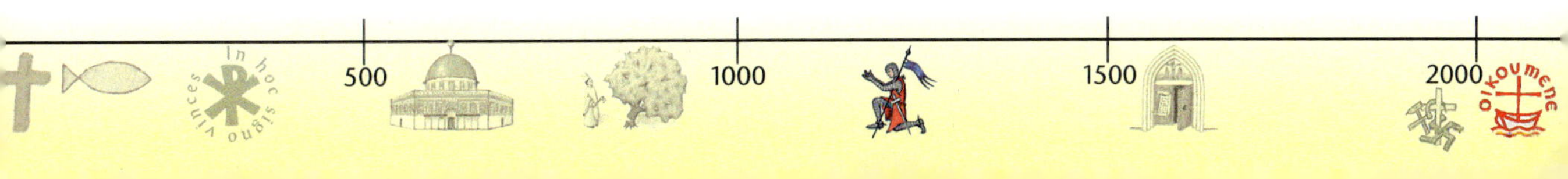

Aus einem historischen Roman

Im Jahr 1484 ermöglicht der Papst die Verfolgung so genannter Hexen. Und mitten in Deutschland muss ein Zwölfjähriger zusehen, wie seine Mutter auf dem Scheiterhaufen endet. Richard, Sohn eines schwäbischen Kaufmanns und einer schönen Sarazenin, werden diese Bilder für immer verfolgen – bis ins Haus des reichen Jakob Fugger, der den Neffen seiner Frau in seinem Hause erziehen lässt.

… Als Zobeida am folgenden Sonntag die Messe im Kloster St. Georg besuchte, hatte sie den Mönch bereits wieder vergessen. An diesem Sonntag würde ein Gast des Klosters predigen, und es wurde erwartet, dass die Eltern der Schüler, die in oder um Wandlingen lebten, vollzählig in St. Georg erschienen. Man tuschelte bereits allerlei über den Dominikaner in seiner schwarzweißen Kutte, der gemeinsam mit dem Abt die Messe las. Er wirkte gütig und ehrfurchtgebietend mit seinem weißen Bart und sehr selbstbewusst.

Man sagte, er sein ein sehr wichtiger Mann, einer der beiden Inquisitoren, denen der Papst die heilige Inquisition in deutschen Landen übertragen hatte … Unter den Mönchen des Klosters gab es jedoch einige, die weniger beeindruckt waren.

„Domini canes", flüsterte Bruder Albert, der Latein und Griechisch unterrichtete, dem neben ihm sitzenden Bruder Franz spöttisch zu. Zwischen Dominikanern und Benediktinern herrschte seit alters her Misstrauen, und man wusste im Kloster, dass der Abt alles andere als begeistert über diesen Besuch gewesen war. Während man die Benediktiner wegen ihrer Lehrtätigkeit und ihres Reichtums rühmte, hatte der Orden der Dominikaner die Inquisition zu seinem Privileg gemacht.

Die Dominikaner nannten sich beileibe nicht nur nach dem heiligen Dominikus, sondern wiesen auch ständig stolz auf die Nebenbedeutung ihres Namens hin – *domini canes,* die Hunde des Herrn, die Hunde, welche die Herde schützten vor allem Fremden, welche die schwarzen Schafe aussonderten.

Wie erwartet, hatte Bruder Heinrich das Hexenwesen zum Gegenstand seiner Predigt gemacht. Er begann damit, dass ihm und seinem Mitbruder Jakob, der zurzeit im Rheinländischen weilte, durch die Bulle des Papstes die Ausrottung dieser Unmenschen besonders ans Herz gelegt worden war, und zitierte aus dem Alten Testament: „Hexen und Zauberer sollst du nicht leben lassen!"

Es gebe natürlich überhaupt keinen Zweifel an der Existenz der Hexenkunst an sich, doch es habe sich gezeigt, dass die Frauen in viel höherem Maße für dieses Übel anfällig seien als die Männer, was kaum verwunderlich wäre.

„Steht nicht in der Heiligen Schrift", fragte Bruder Heinrich, „klein ist jede Bosheit neben der Bosheit des Weibes? Und Chrysostomus sagt: Was ist das Weib anderes als die Feindin der Freundschaft, eine unentrinnbare Strafe, ein notwendiges Übel, eine natürliche Versuchung, ein wünschenswertes Unglück, eine häusliche Gefahr, ein Mangel der Natur, mit schöner Farbe gemalt. Auch Vincentius meint: Ich fand das Weib bitterer als den Tod, und selbst ein gutes Weib ist unterlegen der Begehrlichkeit des Fleisches." …

Bisher hatte der Dominikaner eher zurückhaltend gesprochen. Doch nun wurde seine Stimme drängend, donnerte über die Köpfe der Gemeinde hinweg.

„Ist es ein Wunder, dass dieses schwache, schuldbeladene Geschlecht, das seit Eva immer wieder der Verführung des Bösen erlegen ist, einen Pakt mit dem Satan eingeht, dem Satan, der sich auf die Schlingen der Wollust versteht? Kein Mann kann so anfällig dafür sein wie ein Weib, denn die Weiber sind von Natur aus unersättlich gierig nach den Versuchungen des Fleisches, die Männer dagegen selbstbeherrscht. Eva wurde aus einer Brustrippe geschaffen, das heißt, eine jede Frau ist von Natur aus gekrümmt und dem Manne zugeneigt. Aus diesem Mangel geht auch hervor, dass, da das Weib ein unvollkommenes Tier ist, es immer täuscht …"

Das Gesicht des Predigers war gerötet und glänzte, als er die Arme hochwarf und rief: „Darum haben sie auch mit den Dämonen zu schaffen, um ihre Begierden zu stillen. Daher ist es auch folgerichtig, die Ketzerei nicht die der Hexer zu nennen, sondern der Hexen, damit sie den Namen bekomme *a potiori;* und gepriesen sei der Höchste, der das männliche Geschlecht vor solcher Schändlichkeit bis heute so wohl bewahrte; da er in demselben für uns geboren werden und leiden wollte, hat er es deshalb auch so bevorzugt. Gelobt sei Jesus Christus!"

„In Ewigkeit, Amen", murmelte die erschauernde Gemeinde.

Richard war froh, aus der erhitzten Atmosphäre der Kirche herauszukommen, und er bemerkte überrascht, dass seine Mutter zitterte.

…

„Verzeiht, Frater", sagte Ludwig heiser, „aber ich möchte etwas von Euch wissen. Wie erkennt man Eurer Meinung nach eine Hexe?"

„Da gibt es Verschiedenes", erwiderte Heinrich Institoris und stand auf. „Warum fragt Ihr?"

„Weil ich glaube …“ An seiner Schläfe pochte hämmernd eine Ader. Ludwig fuhr mit der Zunge über die Lippen und begann von neuem: „Weil ich glaube, dass sich hier in Wandlingen ein Hexenweib befindet. Ich habe sie selbst gesehen.“

„Setzt Euch doch“, sagte der Inquisitor teilnehmend, „und erzählt mir davon …“

„Ihr Name“, erwiderte Bruder Ludwig stockend, „ist Zobeida Arzt. Sie ist von Geburt Sarazenin, doch gibt sie vor, nunmehr an unseren Herrn Jesus zu glauben.“

„Hinter bekehrten Heiden verbergen sich oft die Schliche des Teufels“, stimmte der Dominikaner beifällig zu.

Ludwig versuchte, möglichst gelassen fortzufahren, doch es brach aus ihm heraus: „Sie hat mich behext, Frater. Sie hat in meinem Herzen die Begierde nach ihr geweckt, und ich war fast bereit, mein Gelübde zu brechen.“ Er barg sein Gesicht in den Händen.

„Nun“, hörte er Bruder Heinrich sagen, „wie Ihr wisst, sind die Weiber von Natur aus schlecht. Woher kommt Euch der Gedanke, dass es sich um einen teuflischen und keinen menschlichen Verführungsversuch handelt? Hat sie in Eurer Gegenwart etwas getan, das nach Zauberei aussah?“ Ludwig zögerte.

„Als ich sie zum ersten Mal sah, mischte sie mir einen Trank, der …“

„Das ist eindeutig“, unterbrach ihn der Inquisitor erfreut, „Hexen verwenden immer Zaubertränke. Doch fahrt fort, Bruder.“

In Ludwigs Augen fügte sich nun alles zu einer Kette und er fühlte fast die Freude des Entdeckers.

„Sie kannte auch meinen Namen, obwohl ich ihn nicht genannt hatte. Ich sah sie nie beten oder das Kreuz schlagen, wie eine gottesfürchtige Christin es tun sollte.“

„Ist sie verheiratet?“, fragte der Inquisitor. „Verwitwet, sie betätigt sich als Hebamme, und man ruft sie, wenn Pflege …“

„Mann“, fiel ihm der Dominikaner ins Wort, „wisst Ihr nicht, was Ihr da sagt? Unter den Hebammen sind die Hexen am häufigsten, denn sie kommen immer wieder mit den unreinen Säften in Berührung, die beim Weib die Dämonen anziehen. Niemand gefährdet den Glauben mehr als die Hebammen. Sie opfern kleine Kinder, sorgen für Fehlgeburten … *deo gratias*, Euer Fall scheint unzweifelhaft zu sein“ …

So klein und verschlafen Wandlingen als Stadt auch war, die Folter war hier doch nicht fremd, und die Kammer, in der Schwerverbrecher gefoltert wurden, gut ausgerüstet … Es dauerte lange, bis der Büttel Zobeida hereinführte, nackt und rückwärts, wie es der Inquisitor angeordnet hatte, „denn der erste Blick, den eine Hexe in der Folterkammer tut, kann sehr wohl den Richter behexen.“ Bruder Albert wandte hastig die Augen ab. Die anderen Männer des Gerichts zeigten Unbehagen und Erregung zugleich …

Der Dominikaner deutete auf zwei schwere Feldsteine, die von Stricken umschlungen und unter einer Art Hebelvorrichtung gelagert waren, die sich an der höchsten Stelle des Raumes, weit über ihnen, befand.

„Der Flaschenzug“, sagte er. „Damit beginnen wir die peinliche Befragung.“

Mit ruhiger Stimme fuhr er fort: „Und hier, dies wird gewöhnlich als Zweites verwendet. Die Eisenplatten mit den Reißzähnen werden gegen das Schienbein gedrückt, bis Blut herausspritzt und es zu Brei wird. Es ist, wie gesagt, nur der Anfang. Doch das muss nicht sein. Oh, wie widerstrebt es mir, Derartiges einem Mitmenschen anzutun! Gestehe, meine Tochter, und dir bleiben alle diese Martern erspart. Du willst dich doch nicht so verletzen. Du willst uns doch bestimmt nicht dazu zwingen.“

Zobeida nahm schweigend den Raum in sich auf, die Geräte, die Männer, die dort standen. „Ich bin unschuldig.“

Es war fast nicht zu hören, aber dennoch unmissverständlich. Bruder Heinrich schlug das Kreuz über ihr.

„Der Herr erbarme sich deiner.“

Er legte ihr eine dünne Schur um den Hals, an der ein Papier hing. Auf diesem Papier waren, wie er dem Gericht erklärt hatte, die sieben Worte Christi am Kreuz geschrieben. Anschließend ließ er sie Weihwasser trinken und winkte schließlich den Bütteln.

„Es sei.“

Zobeidas Hände wurden gefesselt und mit der Hebelvorrichtung verbunden. An ihren Füßen befestigte man die Stricke mit den Feldsteinen. Albert spürte, wie ihn der Inquisitor an der Schulter berührte. „Betet mit mir, Bruder, um die Errettung dieser Frau von dem Bösen“, sagte Institoris sanft. Dann wandte er sich an die Büttel. „Ziehen!“ …

- In diesem Romanauszug finden sich manche Erklärungsansätze für den Hexenwahn. Stellt sie zusammen, vergleicht mit seriösen historischen Quellen (Lexika, Sachbücher, Internet) und versucht, einzelne zu analysieren!

1. *Mathematikschulaufgabe! Während in der Klasse das allgemeine Zittern und Stöhnen beginnt, bleibt Eva heute zunächst absolut cool. Dass sie diesmal wirklich intensiv geübt hat, gibt ihr eine gewisse Sicherheit. Zwar hat der Lokalsender sie am Morgen mit einem wenig berauschenden Tageshoroskop geweckt, doch vor ihr stehen, fein säuberlich aufgebaut, ihre sämtlichen Glücksbringer, und um den Hals trägt sie das Goldkreuzchen, das sie zur Taufe geschenkt bekommen hat. Sicher ist sicher! Da betritt die Mathematiklehrerin das Klassenzimmer: „Alle Bänke abräumen, nur die Schreibsachen bleiben auf dem Tisch!“ Erschrocken räumt Eva ab. Dabei verhängt sich ihr Kettchen an der Schultasche und reißt ab. „Jetzt ist alles aus! Das Horoskop hat also doch gestimmt!“*
   Eva schreibt in dieser Mathematikschulaufgabe die Note 5. „Ich hatte keine Chance, das Schicksal war gegen mich!“
   - *Bettina meint, ihr sei auch schon einmal eine schwarze Katze über den Weg gelaufen und am selben Tag habe sie in Englisch eine 2 geschrieben. Auf solche Sachen dürfe man nichts geben.*
   - *Susi dagegen schwört darauf, dass sie seit dem Tag Glück hat, wo sie ihr Kreuzchen umgekehrt trägt. Den Tipp hat sie von einem älteren Mitschüler erhalten, der schon öfters auf irgendwelchen schwarzen Messen war. Bettina solle das doch auch einmal ausprobieren!*
   - *Belustigt meint Yvonne, dass der Druide bei Asterix auch nicht viel dümmer daherreden würde. Sie fragt Bettina, warum sie denn am Sonntag überhaupt zur Kirche gehe, wenn sie von der Macht des Schicksals so überzeugt sei.*
   - *Daraufhin mischt sich Babsi ein. Kirchgang und Glücksbringer haben ihrer Meinung nach gar nichts miteinander zu tun, sie trage doch als Ministrantin ihren Talisman auch am Altar um den Hals. Bisher habe der ihr immer geholfen!*
   - *Evas Vater ist wütend über die „faule Ausrede“ seiner Tochter. Weder Gott noch irgendein Flaschengeist kümmere sich um die Schulaufgaben einer einzelnen Schülerin, Eva solle in Zukunft noch mehr üben und sich nicht mit solchen Flausen verrückt machen.*
   - *Evas Mutter meint, ihr habe vor Schulaufgaben immer ein kurzes Gebet geholfen. Schließlich habe Jesus gesagt, dass man sich in jeder Situation auf ihn verlassen könne. Ob Eva denn glaube, dass es noch höhere „Schicksalsmächte“ gebe?*

   Wie soll Eva die nächste Schulaufgabe angehen? Diskutiert auf der Grundlage der oben geäußerten Meinungen und eurer eigenen diesbezüglichen Erfahrungen bzw. Ansichten!
   Antwortet auch als Brieffreund(in) einer der oben zitierten Personen!
2. Versucht, eine(n) junge(n) Ordensangehörige(n) in den Unterricht einzuladen und sprecht mit eurem Gast über das Klosterleben heute!
3. Bereitet eine Exkursion in ein Kloster vor! Sammelt hierzu alle Informationen, die ihr über die Geschichte und die Wirkung dieses Klosters erhalten könnt, und arbeitet damit einen gezielten Fragen- und Erkundungskatalog aus!
4. Beschafft euch Hintergrundmaterialien über „islamische Gotteskrieger“ und vergleicht deren Welt- und Glaubenssicht mit der Kreuzfahrermentalität!
5. Erkundet, ob in eurer Gegend Hexenprozesse stattgefunden haben! Falls ja, bereitet einen solchen Fall möglichst detailgetreu auf einer Wandzeitung in eurem Klassenzimmer auf!

1. Illustriert die 4. und 5. Strophe von Gotteslob Nr. 270 in einer Collage!

270

4. *I: Wir sind taub, wir sind stumm, / wollen eigne Wege gehn. :I*
I: Wir erfinden neue Götter / und vertrauen ihnen blind :I

5. *I: Dieser Weg führt ins Nichts, / und wir finden nicht das Glück :I*
I: graben unsre eignen Gräber, / geben selber uns den Tod :I

Text: Diethard Zils

2. Diskutiert, ob die Aufnahme in die christliche Gemeinde in unserer Gesellschaft eher römischem oder germanischem Vorbild folgt!

3. Kreuz, Buch und Pflug sind die Symbole des Benediktinerordens. Erklärt dies von der Ordensregel her!

4. Begründet, warum gerade Benedikt und nicht etwa Columban der Titel „Patron Europas" verliehen wurde!

5. Dürfen Christen zu ihrer Verteidigung zu den Waffen greifen? Diskutiert mit Bezug auf unterschiedliche Verhaltensweisen in der Geschichte!

6. Untersucht, inwieweit die Kreuzzüge als „gerechte Kriege" im Sinne des hl. Augustinus gelten können!

7. Erzählt aus der Sicht eines nach Hause zurückgekehrten Kreuzritters von den Erlebnissen auf einem Kreuzzug!

8. Westliche Truppen, die in islamischen Ländern im Einsatz sind, werden dort auch heute noch manchmal als „Kreuzritter" bezeichnet. Untersucht die Berechtigung der damit verbundenen geschichtlichen Parallelisierung an einem selbst gewählten Beispiel!

9. In seiner Vergebungsbitte sagte der Papst, die Wahrheit könne sich nur mit der Kraft der Wahrheit durchsetzen. Sucht nach Gründen, warum heutige Päpste bei der Frage nach der Erlaubtheit von Gewaltanwendung gegen Andersgläubige anders argumentieren als ihre Vorgänger im Mittelalter!

V. Der Islam – Begegnung mit Muslimen in unserer Gesellschaft

KUSCH ALGEBRA
Ausgabe A

Moschee in München

Sag deine Meinung!

Gülsüm C. schrieb:

Ich bin ein 14-jähriges Mädchen, das Kopftuch trägt. Ich bin natürlich sehr stolz auf mein Kopftuch und auf mich … Nur weil ich Kopftuch trage, habe ich sogar keinen Praktikumsplatz gefunden. Egal – ich würde für ALLAH alles tun …

Christoph-Scheiner-Gymnasium Ingolstadt
Beurlaubung gemäß § 38 GSO

Name: Cansu Aydin	Klasse/KSt: 7b
Wochentag: Mo Di Mi ~~Do~~ Fr	Datum: 18.11.04

Grund:
- ❑ Arzt-/Zahnarzttermin ❑ Vor-/Einstellungsgespräch ❑ Behördengang
- ❑ Berufsberatung ❑ Studienberatung ❑ Fahrprüfung
- ❑ Musterung ❑ Eignungstest ❑ Familienangelegenheit
- ☒ sonstiger Grund: Teilnahme am Zuckerfest

Die Beurlaubung bezieht sich:
❑ **nur** auf den beantragten Zeitraum ☒ auf alle an diesem Tag angesetzten Unterrichtsstunden

von bis

Vorausgehender bzw. nachfolgender Unterricht ist zu besuchen.

Studiendirektor

Baden-Württemberg beschließt Kopftuchverbot

Verfassungsgericht erlaubt Schächten

Karlsruhe (kl) Mit dem heutigen Urteil des Bundesverfassungsgerichts, das den Muslimen in Deutschland das Schächten nach islamischen Vorschriften gestattet, sieht sich der Islamrat für die Bundesrepublik Deutschland in seinem Bemühen um Gleichbehandlung der muslimischen Minderheit mit anderen Religionsgemeinschaften zumindest partiell bestätigt …
Nach der festen Überzeugung des Islamrats ist indes allein das Schächten die für das Tier humanste Form der Tötung … Dem unbetäubten Tier muss mit einem scharfen Messer unter Anrufung des Namens Gottes rasch und schmerzlos die Kehle durchtrennt werden.
Das heute gefällte Urteil ist ein wichtiger Schritt … und gibt vielen Muslimen die Hoffnung, ihre Stellung in der Gesellschaft dauerhaft festigen zu können.

Der Islamrat begrüßt die „Kopftuch-Entscheidung“ des Bundesarbeitsgerichtes

Ein Signal für Integration

Bonn (fh) Der Vorsitzende des Islamrates für die Bundesrepublik Deutschland, Ali Kizilkaya, begrüßte die Entscheidung des Bundesarbeitsgerichtes zum „Kopftuch“ als „ein positives Signal für die Religionsfreiheit und einen Schritt zur Integration der Muslime“.
Das Bundesarbeitsgericht hat heute in seinem Urteil entschieden, dass eine muslimische Verkäuferin bei der Arbeit ein Kopftuch tragen darf.
Kizilkaya sagte in einer ersten Stellungnahme, eine anders lautende Entscheidung hätte „eine Einschränkung der Berufs- und Religionsfreiheit oder gar Ausschluss der muslimischen Frau vom Arbeitsleben“ bedeutet.

?!
- Sprecht über die Nachrichten, die ihr am interessantesten findet!
- Sammelt weitere aktuelle Berichte, die mit dem Islam in unserer Gesellschaft in Zusammenhang stehen!

Köln:
„Verband der Kulturzentren" kümmert sich vornehmlich um die religiöse Betreuung, zum Beispiel die Predigerausbildung (Hodscha)

Berlin:
Über 500 000 Muslime leben vor allem im Stadtteil Kreuzberg

Bonn:
Sitz des ***Islamrats,*** einer einflussreichen Vertretung der Muslime in Deutschland.
Gründung 1986 in Berlin mit dem Ziel, die islamischen Religionsgemeinschaften bezüglich Lehre, Festkultur, Gottesdienst und Unterweisung zu koordinieren.

Lützelbach:
Das ***Haus des Islam*** informiert sachgerecht über den Islam und bemüht sich, Vorurteile abzubauen, unter anderem mit Sprach- und Bildungskursen, Zeltlagern und Freizeiten, Reisen und Islam-Wochen.

Etwa **2200 Gebetszentren** und **Moscheen** bieten über **3 Millionen Gläubigen** in Deutschland die Gelegenheit, sich zu versammeln, zu beten oder sich – entsprechend der islamischen Moscheetradition – fortzubilden.

?!

- Wenn ihr muslimische Mitschüler habt (oder in der Grundschule hattet), dann erzählt, worin sich deren Lebensgewohnheiten von den euren unterscheiden! Vielleicht ist es auch möglich, einen dieser Mitschüler für eine Unterrichtsstunde einzuladen!
- Wovon würdet *ihr* in einer *muslimischen Schulklasse* berichten?
- Erkundet, welche islamischen Gebetszentren sich in eurer näheren Umgebung befinden!

Datei Bearbeiten Ansicht Favoriten Extras ?

Zurück Suchen Favoriten

Adresse http://www.auer-verlag.de/Studienreise_Islam Wechseln zu

Willkommen zu

Rallys-Studienreisen for students

Eine Reise ins Unbekannte!
Lasst euch verzaubern von der Schönheit islamischer Länder.

Wählt aus unserem großen Angebot:

NORDAFRIKA

Ägypten: al Azhar – die älteste islamische Universität in Kairo
Tunesien: Strand und Moscheen
Marokko: Sonne und malerische Bazare

ARABISCHE HALBINSEL

Kuwaits Sandstrände
Saudi-Arabien: Land Muhammads

VORDERER ORIENT UND NAHER OSTEN

Türkei: Die Hagia Sophia in Istanbul
Syrien und Jordanien: Alte Kulturlandschaften der Bibel
Iran: Das Herz der Mullahs im alten Persien
Irak: Mesopotamiens Hochkulturen – Assur und Babylon

ASIEN

Pakistan: Zwischen Himalaya und Indus
Bangladesch: Die Mündung des Ganges
Die Indonesischen Inseln: Ein Paradies unter Palmen

Vor einem Besuch raten wir euch zu einer genaueren Information über Länder und Sitten! Unser aktuelles Informationsmaterial findet ihr unter

- *Der Prophet Muhammad*
- *Mekka – die heilige Stadt*
- *Hadsch*
- *Koran – das heilige Buch*
- *Grundregeln des Glaubens*
- *Die Frauen-Seite*
- *Christentum – Islam*
- *Verhaltenstipps*
- *Besuch einer Moschee*
- *Geschichtliches*
- *Arabisch-islamische Kultur*

TIPP Für Reise-Gruppen: Bereitet euch vor, indem ihr unsere Ratschläge beachtet, die ihr unter **TIPPs** findet!

Fertig Internet

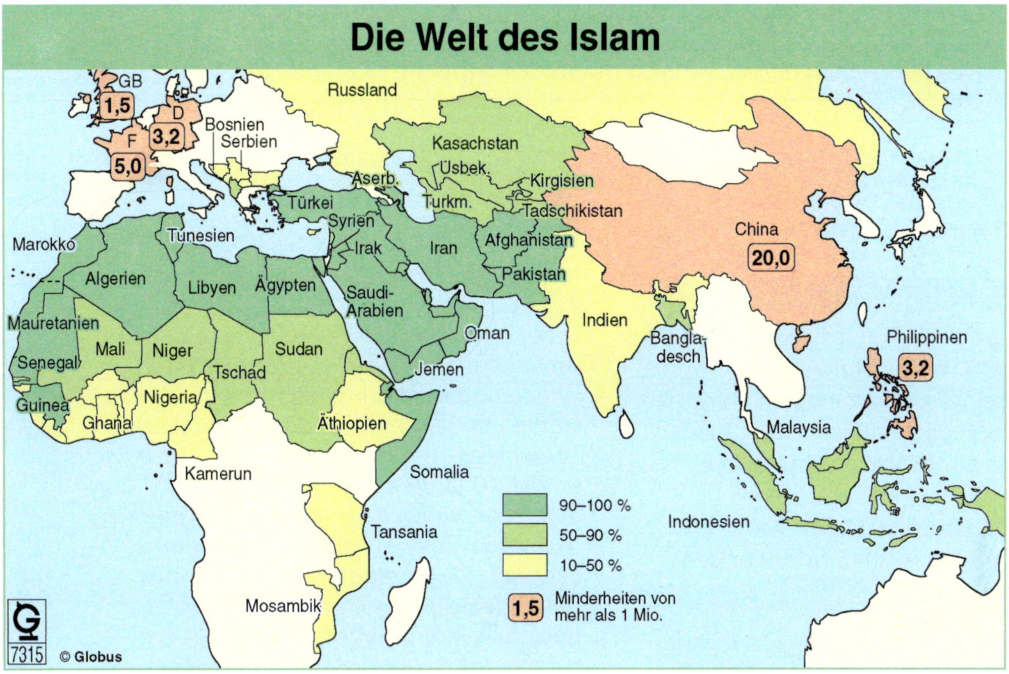

?! • Gestaltet in den nächsten Wochen eine Islamwand mit Karte / aktuellen Zeitungsartikeln / eigenen Bildern von Urlaubsorten!

Vorschlag für Reisen im „Internet“

Die folgenden „Internet-Seiten“ bestehen aus sechs Doppelseiten mit **Basiswissen** und drei Doppelseiten mit **Zusatzwissen.**

Bildet „Reisegruppen“ von je vier Teilnehmern! In vier Stunden bearbeitet jede „Reisegruppe“ die sechs verbindlichen Doppelseiten sowie nach eigener Wahl zwei der drei Zusatzdoppelseiten (pro Unterrichtsstunde zwei Doppelseiten).

Über die wesentlichen Inhalte jeder Doppelseite erstellt ihr fünf Fragen. Ihr könnt leichte und schwere Fragen zusammenstellen und gebt pro Frage jeweils vier Alternativen als Antwort (drei falsche Antworten und die eine richtige). Zusätzliche Arbeitsaufträge findet ihr unter „Tipps“ auf den jeweiligen Doppelseiten.

Am Ende der Arbeitseinheit steht dann ein abschließendes Quiz, wo ihr mit Hilfe dieser Fragen gegenseitig euer Wissen testet. Wie viele Runden gespielt werden, bestimmt ihr selbst.

Wenn euch dieser Vorschlag nicht gefällt, könnt ihr mit den folgenden Seiten natürlich aber auch „ganz normal“ arbeiten!

Datei Bearbeiten Ansicht Favoriten Extras ?

Zurück Suchen Favoriten

Adresse http://www.auer-verlag.de/Studienreise_Islam/Der_Prophet_Muhammad Wechseln zu

muhammad rasulu-llah. Muhammad ist sein Gesandter.

Stationen eines Lebens

Die Waise

Geboren etwa 570/71 in Mekka (heute Saudi-Arabien), verlor Muhammad bereits vor seiner Geburt seinen Vater und fünf Jahre später seine Mutter. Nach dem Tod des Großvaters sorgte, wie es stammesrechtlich geregelt war, der Onkel für Muhammad. Dieser war Kaufmann, der mit Karawanen große Reisen unternahm.

Der Kaufmann

Auf den Reisen mit seinem Onkel lernte Muhammad nicht nur das Kaufmannsgeschäft, sondern auch den Glauben jüdischer und christlicher Gemeinden kennen. Sicher bekam er dabei Einblick in das Alte und Neue Testament.

Chadidscha

Wegen seiner Armut konnte Muhammad nicht heiraten. Um sich seinen Lebensunterhalt zu verdienen, trat er in die Dienste einer reichen Kaufmannswitwe, die wie er aus dem gleichen Stamm der Kuraisch stammte. Muhammad erwies sich bei der Arbeit als sehr fleißig und geschickt. Schließlich trug die Witwe ihm die Ehe an. Er willigte ein und wurde damit ein angesehener Mann.
Er soll etwa 25, seine Frau 40 Jahre alt gewesen sein. Solange Chadidscha lebte, heiratete Muhammad aus Rücksicht und aus Liebe zu ihr keine weitere Frau. Chadidscha gebar insgesamt sieben Kinder, von denen alle drei Söhne kurz nach der Geburt starben.

Visionen

Muhammad erkannte jedoch bald, dass Reichtum allein nicht das Ziel seines Lebens war. Auf der Suche nach einem umfassenderen Sinn wanderte er oft in die Wüste und meditierte nächtelang in einer Höhle auf dem nahe Mekka gelegenen Hügel Hira.
Er war 40 Jahre alt, als er im Jahre 611 dort eine erste Vision erlebte. Aber erst nach mehreren Visionen glaubte er an deren Echtheit. Der Erzengel Gabriel soll ihm dabei den Auftrag erteilt haben, Gottes Botschaft ihrem getreuen Wortlaut entsprechend zu überliefern. So erhielt er den Koran, das endgültige Wort Allahs, aus dem Munde des Engels.

Muhammad beschrieb seinen Zustand bei den Visionen so: „Nicht ein einziges Mal wurde mir eine Offenbarung zuteil, ohne dass ich geglaubt hätte, man entrisse mir die Seele." Er hörte Flügelrauschen, Glocken, Ketten, war nachher schweißgebadet, fühlte sich wie berauscht und zitterte.

In einer seiner „Entrückungen" reiste Muhammad auf seinem Pferd Buraq durch den Himmel, wo er auch Abraham und Moses traf. Rast machte er in Jerusalem, wo später über dem Fußabdruck seiner Stute der Felsendom erbaut wurde.

Fertig Internet

Datei Bearbeiten Ansicht Favoriten Extras ?

Zurück Suchen Favoriten

Adresse http://www.auer-verlag.de/Studienreise_Islam/Der_Prophet_Muhammad Wechseln zu

Der Prophet

Muhammads Heimatstadt war Wallfahrtsstätte, denn zahlreiche Pilger besuchten einen würfelförmigen Tempel, die Kaaba, um dort heidnische Götter anzubeten. Dies war für Mekka zugleich eine gute Einnahmequelle.
So konnte der Prophet zu Beginn nur wenige Anhänger um sich versammeln, als er die Verehrung dieser Götter als Götzendienst bezeichnete und statt dessen die alleinige Verehrung Allahs forderte. Die Zahl seiner Gegner war selbst in der eigenen Familie groß. Allein die Behauptung, die Vorfahren hätten Götzen angebetet, galt als Beleidigung für die ganze Sippe. Einige Stammesführer versuchten später sogar, Muhammad zu ermorden.

Hidschra

Muhammad und seine Anhänger sahen sich schließlich gezwungen, Mekka zu verlassen (Hidschra = Auswanderung oder Flucht). Sie gingen nach Jathrib, wo sie aufgenommen wurden und wo ihnen sogar ein Bündnis angeboten wurde. Zum Dank nannte Muhammad Jathrib später Medina, „Stadt des Propheten". Dieses Ereignis im Jahr 622 n. Chr. markiert den Beginn der islamischen Zeitrechnung.

Der Eroberer

Zum Lebensunterhalt begannen Muhammads Männer, Überfälle auf Karawanen des feindlichen Mekka zu verüben. Daraufhin stellte Mekka ein Heer auf, das jedoch nach mehreren Schlachten von Muhammads Anhängern (= Muslime) besiegt wurde.

Der Felsendom in Jerusalem

Während seiner Zeit in Medina versuchte Muhammad auch, die Mitglieder der jüdischen Gemeinde zu missionieren. Als diese ihn und seine neue Religion sogar verlachten, wurden sie bei einem günstigen Anlass von den Muslimen überfallen und es kam zu einem Massaker. Man enthauptete die Männer und verkaufte Frauen und Kinder.
Nach Jahren gelang es Muhammad, ohne weiteres Blutvergießen in Mekka als Sieger einzuziehen. Die Götzenbilder der Kaaba ließ er zerschlagen, die Kaaba selbst erklärte er zum islamischen Heiligtum.

Der Staatslenker

Muhammad lenkte nun die Geschicke der Region. Er erließ hierbei fortschrittliche Gesetze für Familie und Staat, von der Bestrafung des Diebstahls bis zur Blutrache wurde alles neu geregelt. Auch die fünf Säulen des Islam wurden definiert. Die Anziehungskraft dieser neuen und streng monotheistischen Religion wuchs. Zugleich begann die Ausbreitung des Islam durch Eroberungen auf der arabischen Halbinsel. Nach dem Tod seiner Frau Chadidscha ging Muhammad 13 weitere Ehen ein.
Im Jahre 632 starb er.

TIPP
Es gibt zahlreiche Darstellungen des Lebens Muhammads. Erstellt damit selbst eine Chronologie!

Fertig Internet

Datei Bearbeiten Ansicht Favoriten Extras ?

Zurück Suchen Favoriten

Adresse http://www.auer-verlag.de/Studienreise_Islam/Mekka-die_heilige_Stadt Wechseln zu

Die Stadt Muhammads zu betreten, ist nichtislamischen Touristen verboten.
Da es zur fünften religiösen Pflicht eines Muslim gehört, die Pilgerfahrt nach Mekka – den Hadsch – anzutreten, ist der Andrang während des Pilgermonats sehr groß.
Die saudi-arabische Regierung beschränkt daher durch Visa Zahl und Aufenthaltsdauer der Pilger.

Im Zentrum von Muhammads Heimatstadt steht die Kaaba. Nach muslimischem Glauben begründete bereits Adam den Bau. Abraham und seine ägyptische Magd Hagar sollen später hier zusammen mit ihrem Sohn Ismael, von dem sich der Volksstamm der Araber herleitet, Zuflucht gefunden haben.

Um Reiseüberbuchungen in die Arabische Halbinsel zu vermeiden, sollte man sich zuvor über den Pilgermonat informieren. Die Besucherzahlen sprechen für sich, etwa 3 Millionen während des Pilgermonats. Zu dieser Zeit sind alle Flüge nach Saudi-Arabien völlig ausgebucht.

Kaaba in Mekka

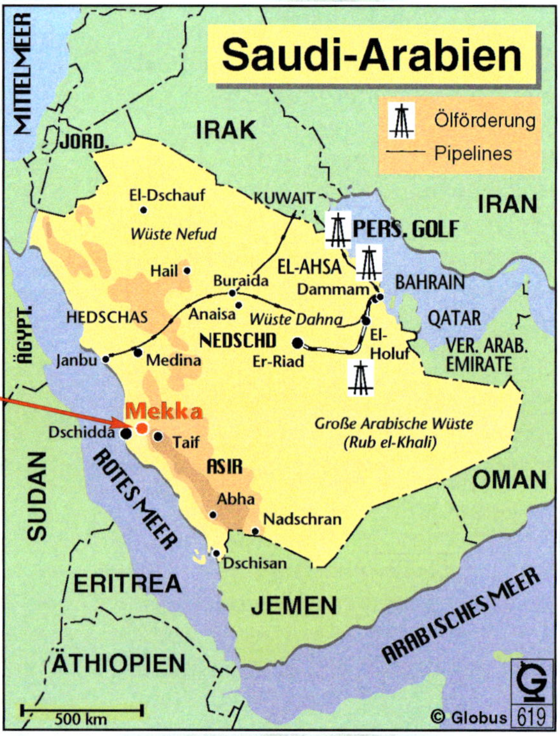

kaaba: Würfel

Bedeutendstes Heiligtum, im Hof der Moschee von Mekka.
Steinbau, ca. 11 m hoch.
Etwa 1,5 m über dem Boden ist der heilige, schwarze Stein eingefügt, bestehend aus einer Zementverkittung mehrerer kleinerer Stücke Basalt oder Lava, von einem silbernen Ring umschlossen.
Adam und Eva gelten als die Begründer der Kaaba – Abraham als der Erbauer des würfelförmigen Gotteshauses.

TIPP Lest Gen 16,1-16; 21,9-21!
Manche Hardliner begründen heutige Feindseligkeiten zwischen Juden und Moslems mit der Bibel.
Nehmt Stellung zu dieser Sichtweise!

Fertig Internet

Datei Bearbeiten Ansicht Favoriten Extras ?

Zurück Suchen Favoriten

Adresse http://www.auer-verlag.de/Studienreise_Islam/Hadsch Wechseln zu

Der Hadsch

Der Hadsch ist für einen Muslim die Erfüllung des Lebens, er gilt für alle Männer als Pflicht. Frauen, Arme und Kranke sind davon befreit.

Das Ritual des Hadsch findet zwischen dem 8. und 13. Tag des letzten Monats im islamischen Jahr statt. Reist man zu dieser Zeit, fallen die Pilger mit den Gewändern aus zwei ungesäumten Tüchern auf. Zum Zeichen der Gleichheit vor Allah sind diese weiß, also einfach.

Mit Beginn des Hadsch darf sich der Pilger nicht mehr waschen und Haare, Bart und Nägel nicht mehr schneiden.

Kultische Reinheit: Etwa 20 km vor der Stadt säubert sich der Anreisende und legt das Pilgergewand, das Ihram, an.

Bekenntnis: Nach dem Besuch der großen Moschee wird die Kaaba siebenmal umschritten, der schwarze Stein als Bekenntnis zum einen Gott, Allah, geküsst oder mit den Händen berührt.

Suche: Zwischen den Felsen Safa und Marwa (etwa 400 Meter Distanz) irren die Pilger siebenmal hin und her (heute von einem Säulengang bei der Kaaba überdacht). Dann dürfen sie aus einer Quelle trinken.

Begegnung mit Gott: Am achten Tag wandert der Pilger nach Mina, einem Vorort, am neunten Tag zur Ebene Arafat, um vor dem Hügel der Gnade stundenlang zu stehen und mit seinem Gott allein zu sein, von Angesicht zu Angesicht. Am Abend wird in Muzdalifa übernachtet.

Absage an das Böse: Auf dem Rückweg werden 49 Steinchen gesammelt und nun an drei Tagen auf drei sogenannte Satanssäulen geworfen.

Opfer: In Mina wird ein Opfertier zum Dank dargebracht und ein Festmahl gehalten. An diesem Tag feiern alle Muslime das sogenannte Opferfest.

Abschied: Die Kaaba wird nochmals siebenmal umrundet. Aus der Hagarquelle nimmt der Pilger Wasser mit nach Hause.

Nun darf er sich **Mekkapilger** (Hadschi) nennen.

Info-Box

Der Erzengel Gabriel soll Adam und Eva auf dem **Berg Arafat** nach der Vertreibung aus dem Paradies hier wieder zusammengeführt haben.

Opfer: Es erinnert an Abrahams Opfer eines Widders anstelle Isaaks.

TIPP

Die Geschichte Ismaels erklärt einen Teil des Rituals. Findet biblische Belegstellen (Gen 21,9-21)!

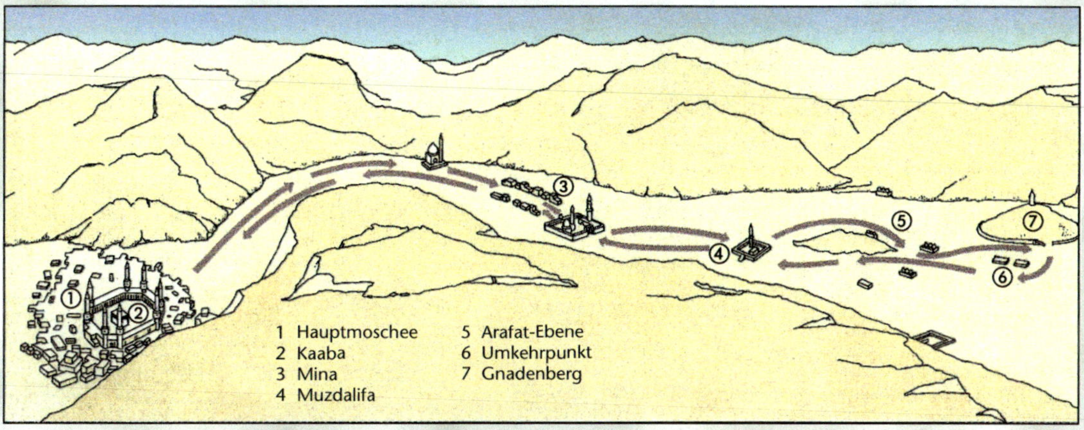

Weg des Pilgers am 9. und 10. Tag

Fertig Internet

Datei Bearbeiten Ansicht Favoriten Extras ?

Zurück Suchen Favoriten

Adresse http://www.auer-verlag.de/Studienreise_Islam/Koran-Das_heilige_Buch Wechseln zu

Der Koran wurde nach muslimischem Glauben Muhammad von Gott unter Vermittlung des Erzengels Gabriel geoffenbart. Nach Muhammads Tod ließ der Kalif Othman die darüber kursierenden Überlieferungen in einem Buch zusammenfassen. Dabei wurden die Suren in der heute bekannten Reihenfolge angeordnet.

Im Gegensatz zur Bibel ist der Koran aus einem „Guss", er ist eine Redeerzählung im Ton langer Predigten. Viele Geschichten aus dem Alten und dem Neuen Testament sind darin eingewoben. Durch die rhythmische Gestaltung klingt er wie ein Gedicht.

Die Eröffnung (al-Fatiha)

1 Im Namen Gottes, des Erbarmers, des Barmherzigen.
2 Lob sei Gott, dem Herrn der Welten, **3** dem Erbarmer, dem Barmherzigen, **4** der Verfügungsgewalt besitzt über den Tag des Gerichtes.
5 Dir dienen wir, und Dich bitten wir um Hilfe.
6 Führe uns den geraden Weg, **7** den Weg derer, die Du begnadet hast, die nicht dem Zorn verfallen und nicht irregehen.

TIPP

Lies die Eröffnungssure laut! Sie ist Teil jeden Gebets!

Da jede Übersetzung den Wortlaut verändert, lernen Muslime den Koran nach Möglichkeit in der arabischen Originalsprache auswendig. Schließlich gilt diese Fassung als „wörtlicher Ausdruck" Allahs. Eingeteilt ist der Koran in 114 Suren (Kapitel), die – bis auf die Eröffnungssure – nach absteigender Länge angeordnet sind.
„Islam" (Unterwerfung/Gehorsam) meint die Befolgung der Anweisungen Gottes, welche im Koran stehen. Ein „Muslim" ist ein Mensch, der sich diesen Geboten gehorsam unterwirft.

Worte Allahs
↓
Muhammad
↓
Koran
↓
Muslim

Wesentliche Inhalte des Koran:

- auch aus der Bibel bekannte Erzählungen (Adam, Mose, Abraham, Propheten ...)
- Regeln für Familie und Staat
- Glaubensaussagen
- Ethik und Moral

...

Das strenge Bilderverbot des Islam wendet sich nicht nur gegen bildliche Darstellungen Allahs, sondern darüber hinaus gegen die Abbildung jedweden lebenden Wesens. In der Folge entwickelten Künstler für das heilige Buch sowie zur Verzierung der Moscheen vor allem die Kalligraphie, eine kunstvolle Schönschrift; auch stilisierte Pflanzenmotive, sog. Arabesken, dienen als Schmuckelemente.

TIPP

Die Kalligraphie bietet viele Anregungen. In Kunstbüchern findest du Vorlagen zur Gestaltung von Ornamenten!

Fertig Internet

Datei Bearbeiten Ansicht Favoriten Extras ?

Zurück Suchen Favoriten

Adresse http://www.auer-verlag.de/Studienreise_Islam/Koran-Das_heilige_Buch Wechseln zu

Ein Eckstein der Reisevorbereitung:
Verstehe das moralische Fundament – verstehe die Menschen!

Verhaltenslehre des Koran

TIPP Suren werden stets laut und melodisch vorgetragen. Versuche es!

Sure 17,22-39

22 Setze Gott keinen anderen Gott zur Seite,
sonst wirst du dasitzen, gescholten und im
Stich gelassen. **23** Und dein Herr hat bestimmt,
dass ihr nur Ihm dienen sollt und dass man die
Eltern gut behandeln soll. Wenn eines von
ihnen oder beide bei dir ein hohes Alter errei-
chen, so sag nicht zu ihnen: „Pfui!", und fahre
sie nicht an, sondern sprich zu ihnen ehrerbieti-
ge Worte. **24** Und senke für sie aus Barmherzig-
keit den Flügel der Untergebenheit und sag:
‚Mein Herr, erbarme Dich ihrer, wie sie mich
aufgezogen haben, als ich klein war.' **25** Euer
Herr weiß besser, was in eurem Inneren ist.
Wenn ihr rechtschaffen seid, so ist Er für die,
die immer wieder umkehren, voller Vergebung.
26 Und lass dem Verwandten sein Recht
zukommen, ebenso dem Bedürftigen und dem
Reisenden, aber handle nicht ganz verschwen-
derisch. **27** Diejenigen, die verschwenderisch
sind, sind Brüder der Satane; und der Satan ist
gegenüber seinem Herrn sehr undankbar.
28 Und falls du dich von ihnen abwendest im
Streben nach einer von dir erhofften Barmher-
zigkeit von deinem Herrn, so sprich zu ihnen
milde Worte. **29** Und lass deine Hand nicht an
deinem Hals gefesselt sein, aber strecke sie
auch nicht vollständig aus. Sonst würdest du
getadelt und verarmt dasitzen. **30** Dein Herr
teilt den Lebensunterhalt großzügig, wem Er
will, und auch bemessen zu. Er hat Kenntnis
von seinen Dienern, und Er sieht sie wohl.
31 Und tötet nicht eure Kinder aus Furcht vor
Verarmung. Ihnen und euch bescheren Wir
doch den Lebensunterhalt. Sie töten ist eine
große Sünde. **32** Und nähert euch nicht der
Unzucht. Sie ist etwas Schändliches, und sie ist
ein übler Weg. **33** Und tötet nicht den Men-
schen, den Gott für unantastbar erklärt hat, es
sei denn bei vorliegender Berechtigung. Wird
jemand ungerechterweise getötet, so geben
Wir seinem nächsten Verwandten Vollmacht
(ihn zu rächen). Nur soll er nicht maßlos im
Töten sein; siehe, er wird Beistand finden.
34 Und nähert euch nicht dem Vermögen des
Waisenkindes, es sei denn auf die beste Art, bis
es seine Vollkraft erreicht hat. Und erfüllt ein-
gegangene Verpflichtungen. Über die Verpflich-
tungen wird Rechenschaft gefordert. **35** Und
gebt volles Maß, wenn ihr messt. Und wägt
mit der richtigen Waage ... Und setze Gott
keinen anderen Gott zur Seite, sonst wirst du
in die Hölle geworfen, getadelt und verstoßen.

Ein Vergleich lohnt! Lies Ex 20! **TIPP**

Das Leben hat Folgen im Jenseits!
Muslime unterscheiden streng zwischen Gläubigen/Ungläubigen, zwischen den Befolgern der Gebote und den Missachtern. Einzelne Suren des Koran prophezeien, welche Konsequenzen diese Unterscheidung hat: das Paradies oder die Hölle.

Sure 78,21-26

21 Die Hölle liegt auf der Lauer, **22** als Heim-
statt für die, die ein Übermaß an Frevel zeigen;
23 darin werden sie endlose Zeiten verweilen.
24 Sie werden darin weder Kühle noch ein
Getränk kosten, **25** sondern nur heißes Wasser
und stinkenden Eiter, **26** als angemessene Ver-
geltung.

TIPP Erstelle einen Verhaltenskatalog, der zusammenfasst, worauf man in islamischen Ländern besonders achten sollte!

Fertig Internet

Datei Bearbeiten Ansicht Favoriten Extras ?

Zurück Suchen Favoriten

Adresse http://www.auer-verlag.de/Studienreise_Islam/Grundregeln_des_Glaubens Wechseln zu

Die Besonderheiten deines Reiselandes verstehst du nur vor dem Hintergrund des islamischen Glaubens, der auf fünf Säulen ruht. Sie prägen alle islamischen Länder, denn hier ist Religion nie Privatsache; Alltag und Allah gehören zusammen.

1. Das Glaubensbekenntnis

Auch auf der Flagge Saudi-Arabiens ist das islamische Glaubensbekenntnis zu finden:
La ilaha illa-llah; muhammad rasulullah.
‚Es gibt keinen Gott außer Gott; Muhammad ist sein Prophet'
Achtung! Muslime trennen streng zwischen Allah und Muhammad! Muhammad war in ihren Augen zwar der größte Prophet, aber trotzdem nur ein Mensch. Da sie nicht nach einem Menschen benannt werden wollen, lehnen sie die Bezeichnung „Muhammadaner" strikt ab.

TIPP Vergleiche die Wortbedeutung der Bezeichnung für die Gläubigen in Islam und Christentum!

2. Das Gebetsritual

Jeden Tag ruft der Muezzin fünfmal über die Stadt zum Gebet, meist über Lautsprechanlagen, manchmal vom Tonband. Anschließend streben viele Menschen zu den Brunnen vor der Moschee oder zu anderen Waschgelegenheiten, um sich rituell zu reinigen. Am Arbeitsplatz oder auf der Straße breitet man einfach eine saubere Unterlage, z. B. einen Teppich, aus.

Waschen bedeutet hier vor allem das Reinigen der Seele. Daher ist der Ritus wichtiger als das Wasser. Eine Touristin erzählt: „Wir waren kaum in unseren Zelten aufgewacht, als wir Kamele in der Nähe vernahmen. Draußen sahen wir drei Beduinen, die vor der aufgehenden Sonne knieten und mangels Wasser Sand über Hände und das Gesicht streuten. Anschließend verrichteten sie ihr Gebet gen Mekka – eine faszinierende Szene."

Rituelle Waschung

Das Gebet gegen Mekka folgt einem vorgeschriebenen Ritual:
Verbeugen – Aufrichten – Niederwerfen ...

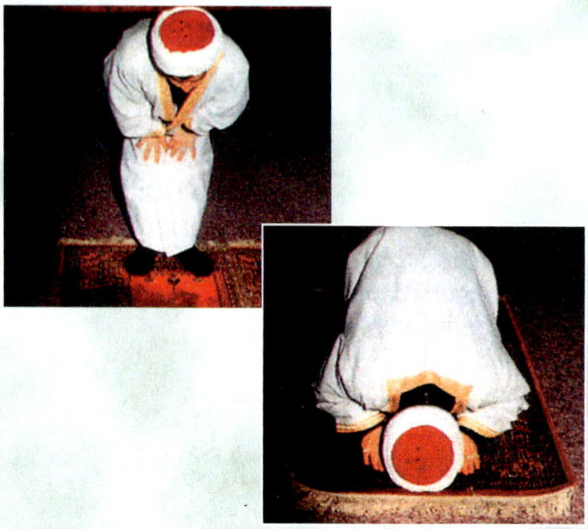

Fertig Internet

Datei Bearbeiten Ansicht Favoriten Extras ?

Zurück Suchen Favoriten

Adresse http://www.auer-verlag.de/Studienreise_Islam/Grundregeln_des_Glaubens Wechseln zu

3. Die Almosensteuer

Für Witwen, Waisen und Bettler gibt es ein sogenanntes Almosen, das oft als Steuer eingezogen, aber auch direkt gegeben wird. Almosen zu geben, gilt als fromm. Ein paar Münzen sollte man immer bereit halten, denn Betteln ist nicht demütigend, sondern eine Gelegenheit für den Gläubigen, durch eine Gabe seine Achtung vor Allah und seine Dankbarkeit für dessen Gaben zu beweisen.

Das Fest des Fastenbrechens in Kairo

4. Das Fasten

Im Fastenmonat Ramadan sollen Seele und Geist durch das Fasten gereinigt werden. Die Zeit des Fastens beginnt bei der Morgendämmerung und endet mit dem Sonnenuntergang. Während dieser Zeit sind Essen, Trinken, Rauchen und Geschlechtsverkehr nicht erlaubt. Abends wird mit einem Signal das tägliche Fastenbrechen angezeigt, vielfach wird dann in den Städten gemeinsam gegessen und getrunken.

Der Ramadan endet mit der „Schicksalsnacht“, der Heiligen Nacht. Beim Gebet in der Moschee erinnert man sich des Propheten Muhammad und der Verkündigung durch den Engel Gabriel.

Anschließend wird ein großes Fest, das Zuckerfest, gefeiert, das sich über mehrere Tage erstrecken kann und bei dem vor allem die Kinder mit Süßigkeiten beschenkt werden.

Die Pflicht zu fasten betrifft alle Muslime ab der Geschlechtsreife. Alte, kranke und schwache Leute sind davon befreit.

TIPP Vergleiche mit der 40-tägigen christlichen Fastenzeit!

Für Touristen ist es ratsam, während des Ramadan untertags öffentlich nicht zu speisen, da dies als Respektlosigkeit angesehen wird.

TIPP

Der Ramadan dauert einen Monat und wandert infolge des muslimischen Kalenders durch alle Jahreszeiten. Da sich der muslimische Kalender am Mond orientiert, dauert ein Jahr nur 354 Tage. Im Vergleich zu unserem „Sonnenjahr“ fehlen zehn oder elf Tage. Wie alle anderen Monate wandert deshalb auch der Fastenmonat Ramadan durch die verschiedenen Jahreszeiten.
Möchtest du den Ramadan als Reisetermin vermeiden, informiere dich über den diesjährigen Termin bei **http://www.islam.de**

5. Der Hadsch

Siehe unter Link:
http://www.auer-verlag.de/Studienreise_Islam/Hadsch
(= S. 111)

Fertig Internet

Datei Bearbeiten Ansicht Favoriten Extras ?

Zurück Suchen Favoriten

Adresse http://www.auer-verlag.de/Studienreise_Islam/Die_Frauen-Seite Wechseln zu

Erspare dir Unannehmlichkeiten und kleide dich bereits vor dem Abflug entsprechend den Sitten des Landes!

Flughafen München: Eine Touristin auf der Reise in den Iran musste vor dem Flugzeug umkehren, da sie eine Jeanshose trug. Nachdem sie den notwendigen Mantel und ein Kopftuch aus ihrem Koffer geholt und auf der Flughafentoilette angezogen hatte, durfte sie die Maschine – diese ist bereits iranisches Hoheitsgebiet – betreten.

Nicht alle Länder verlangen einen Schleier, den Tschador, aber fast alle den typischen Mantel, der übrigens sehr modisch getragen wird.
Die Kleidervorschrift geht aus Koranversen und den Sammlungen der Worte Muhammads (Hadith) hervor:

Sure 33,59
O Prophet, sag deinen Gattinnen und deinen Töchtern und Frauen der Gläubigen, sie sollen etwas von ihrem Überwurf über sich herunterziehen. Das bewirkt eher, dass sie erkannt werden und dass sie nicht belästigt werden. Und Gott ist voller Vergebung und barmherzig.

Info-Box

Wahlrecht: 1956 erhielten in Ägypten erstmals muslimische Frauen das aktive (Jmd. anderen wählen) und passive (selbst gewählt werden) Wahlrecht, das sie sich erkämpft hatten. Seitdem machen Frauen auch Karriere in der Politik.

Frauen spielen mittlerweile in fast allen islamischen Ländern eine öffentliche Rolle. Sie sind keineswegs nur auf das Haus beschränkt. Die Ehre der Familie und die Vorstellung, dass Mädchen versorgt werden müssen, sind jedoch von großer Bedeutung. Dies führt z. B. dazu, dass Ehen häufig durch die Familien geschlossen werden.

„Schamgefühl"

In der Sunna des Propheten heißt es, dass Männer wegsehen sollen, wenn sie eine Frau sehen, die sie hübsch finden. Diese Vorsichtsmaßnahme dient dem Schutz der Frau.

Für Frauen gilt:
Schaue einem Mann nie direkt ins Gesicht, es könnte als Aufforderung verstanden werden! Keine Frau, die ehrenvoll behandelt werden will, geht allein zu Einladungen!

Die Religion des Islam kennt keine Abwertung aufgrund des Geschlechts, wie der Ausspruch des Propheten zeigt: „Die Frauen sind Zwillingsgeschwister der Männer". Vor Allah sind Frauen den Männern gleichgestellt, er wird sie für ihre Taten gleich belohnen (oder bestrafen). Viele Länder legen allerdings ein Wort aus dem Koran als Vorrangstellung des Mannes aus:

Sure 4,34-35
Die Männer haben Vollmacht und Verantwortung gegenüber den Frauen, weil Gott die einen vor den anderen bevorzugt hat und weil sie von ihrem Vermögen (für die Frauen) ausgeben. Die rechtschaffenen Frauen sind demütig ergeben und bewahren das, was geheim gehalten werden soll, da Gott es geheim hält. Ermahnt diejenigen, von denen ihr Widerspenstigkeit befürchtet, und entfernt euch von ihnen in den Schlafgemächern und schlagt sie.
Wenn sie euch gehorchen, dann wendet nichts Weiteres gegen sie an.
Gott ist erhaben und groß.

Diese Sichtweise hat dann zur Folge, dass eine Frau ohne ihren Mann nicht vor Gericht aussagen darf. Auch muss der Mann für eine Reise seiner Frau ins Ausland die Zustimmung erteilen.

TIPP

Beachte aktuelle Diskussionen zum Tschador bzw. Kopftuch!

Fertig Internet

Datei Bearbeiten Ansicht Favoriten Extras ?

Zurück Suchen Favoriten

Adresse http://www.auer-verlag.de/Studienreise_Islam/Die_Frauen-Seite Wechseln zu

Frau und Ehe

Sure 4,3-4

Dann heiratet, was euch an Frauen beliebt, zwei, drei oder vier. Wenn ihr aber fürchtet, (sie) nicht gleich zu behandeln, dann nur eine ... Das bewirkt es eher, dass ihr euch vor Ungerechtigkeit bewahrt.

4 Und gebt den Frauen ihre Morgengabe als Geschenk. Wenn sie euch freiwillig etwas davon überlassen, so könnt ihr es verbrauchen, und es wird euch zur Freude und zum Wohl sein ...

Info-Box

Vielehe
in einigen Ländern, z. B. *Türkei,* Verbot der Vielehe
allgemein: Rückgang

Morgengabe
Finanzielle Absicherung der Frau durch den Ehemann
Früher: Übergabe nach der Hochzeitsnacht.

Die folgenden Ausschnitte aus Büchern stammen von muslimischen Frauen. Jehan Sadat war die Frau des ermordeten ägyptischen Staatspräsidenten, Atiya Dawood lebt in Pakistan.

Jehan Sadat:
Ich bin eine Frau aus Ägypten

Kein Glaubenssatz unserer Religion verlangte die totale Unterwerfung der Frau. An keiner Stelle steht im Koran geschrieben, dass die Frau im Haus zu bleiben habe und sich nicht in der Öffentlichkeit sehen lassen dürfe. Im Gegenteil. Der Koran behandelt Männer und Frauen gleich, im Leben und im Tod. „Handelt jemand, Mann oder Frau, der Gerechtigkeit entsprechend und besitzt den Glauben, wird er ins Paradies eingehen", heißt es in unserem Heiligen Buch ...
Es waren also weder unsere Heilige Schrift noch die Lehren des Propheten Muhammad, die der Frau eine untergeordnete Rolle zuwiesen, sondern die jahrhundertealte Tradition männlicher Überlegenheit in der gesamten arabischen Welt. Sich der männlichen Herrschaft zu unterwerfen, war den muslimischen Frauen im Laufe der Generationen zur Gewohnheit geworden.

Jan Goodwin:
Der Himmel der Frau ist unter den Füßen des Mannes
Daraus: **Atiya Dawood, Sindhi-Dichterin (Pakistan)**

Hand in Hand

Ich möchte an deiner Seite durchs Leben gehen.

Und DU
möchtest mir einen Ring durch die Nase stecken,
an dem du mich mit dir ziehst.

Von der Liebe vergiftet will ich dich lieben,

und DU
möchtest Gott sein, der mich erschafft und zerbricht.

Ich möchte für immer im Hof deines Herzens tanzen.

Und DU
besingst meine Hilflosigkeit, schlägst auf dem
Tamburin meiner Bedürfnisse, lässt mich zappeln
wie eine Marionette.

Ich wäre so gern ein Parfüm,
das deinen Körper durchdringt,

doch DU
willst mich in deiner Tasche verstecken.

Ich möchte weinen:

und DU
willst, dass ich lache, wenn du mit dem Finger schnippst.

TIPP

Bettina hat sich in einen Muslim verliebt. Diskutiert verschiedene Szenarien!

Fertig Internet

Datei Bearbeiten Ansicht Favoriten Extras ?

Zurück Suchen Favoriten

Adresse http://www.auer-verlag.de/Studienreise_Islam/Christentum-Islam Wechseln zu

Dieses Bild zeigt die hohe Wertschätzung, die der Islam Jesus entgegenbringt: Jesus (im blauen Gewand) reitet Seite an Seite mit Muhammad. Buchminiatur (18. Jh.)

Achtung, Hintergrundwissen!

Muhammad betrachtete den Islam nicht als eine neue Religion, sondern als eine an das arabische Volk ergangene Mahnung, dem einzigen Gott (arabisch *Allah*), den die Juden und Christen schon kannten, zu dienen.

So knüpfte der Prophet an die jüdisch-christliche Überlieferung (Altes und Neues Testament) an. Als **wichtigste Propheten** spricht der Koran von **Adam, Noah, Abraham, Mose, Jesus.** Nach seiner Auffassung wurden AT und NT durch die spätere Tradition verfälscht. Der Islam will dies korrigieren und ruft Judentum und Christentum zur Umkehr auf.

Jesus Christus?

Sure 4,171:

Info-Box

Der Koran nennt Juden und Christen stets **„Leute des Buches“.**

Drei: Gemeint sind hier drei Götter.

Oh ihr Leute des Buches, übertreibt nicht in eurer Religion und sagt über Gott nur die Wahrheit. Christus Jesus, der Sohn Marias, ist doch nur der Gesandte Gottes und sein Wort, das er zu Maria hinüberbrachte, und ein Geist von Ihm. So glaubt an Gott und seine Gesandten. Und sagt nicht: Drei. Hört auf, das ist besser für euch. Gott ist doch ein einziger Gott. Gepriesen sei Er und erhaben darüber, dass Er ein Kind habe … Und Gott genügt als Sachwalter.

TIPP Beachte, wie sich die Interpretation der Person des Jesus von Nazaret von der christlichen Sichtweise unterscheidet!

Sure 57,1 ff.:

Gott preist, was in den Himmeln und auf der Erde ist. Und Er ist der Mächtige, der Weise. Ihm gehört die Königsherrschaft der Himmel und der Erde. Er macht lebendig und lässt sterben. Und Er hat Macht zu allen Dingen. Er ist der Erste und der Letzte, der Sichtbare und der Verborgene. Und Er weiß über alle Dinge Bescheid. Er ist es, der die Himmel und die Erde in sechs Tagen erschuf und sich dann auf dem Thron zurechtsetzte. Er weiß, was in die Erde eingeht und was aus ihr herauskommt, was vom Himmel herabkommt und was darin emporsteigt. Und Er ist mit euch, wo immer ihr auch seid. Und Gott sieht wohl, was ihr tut.
Ihm gehört die Königsherrschaft der Himmel und der Erde. Und zu Gott werden die Angelegenheiten zurückgebracht …

TIPP Vergleiche diese Aussagen mit dem christlichen Gottesbild, wie es sich in Credo und Vaterunser widerspiegelt!

Kreuz?

Sure 4,156 ff.:

… sie sagten: „Wir haben Christus Jesus, den Sohn Marias, den Gesandten Gottes, getötet.“ – Sie haben ihn aber nicht getötet, und sie haben ihn nicht gekreuzigt, sondern er erschien ihnen nur gleich (einem Gekreuzigten) …
Vielmehr hat ihm Allah einen Ehrenplatz bei Sich eingeräumt, und Allah ist allmächtig, allweise, … und am Tage der Auferstehung wird er (Jesus) ein Zeuge wider sie sein.

Fertig Internet

Datei Bearbeiten Ansicht Favoriten Extras ?

Zurück Suchen Favoriten

Adresse http://www.auer-verlag.de/Studienreise_Islam/Christentum-Islam Wechseln zu

Dreifaltigkeitssonntag

Aus einer Predigt: „Allah und der Gott Jesu"

Man begegnet heute im christlich-muslimischen Gespräch auf christlicher Seite der Auffassung, Allah, den die Muslime verehren, und der Gott und Vater Jesu Christi seien im Grunde dasselbe. Wir alle – Juden, Christen und Muslime – verehren den einen und einzigen Gott ... „Es gibt keinen Gott außer Allah und Muhammad ist sein Prophet", lautet das muslimische Glaubensbekenntnis, das der gläubige Muslim fünfmal am Tag spricht. Mit diesem Gebet auf den Lippen stirbt auch der Gläubige.

Dieser Gott ist der Schöpfer des Himmels und der Erde und auch der Weltenrichter.

Kann man ihn aber auch als Vater verehren und ansprechen, oder kommt diese Anrede einer Majestätsbeleidigung gleich? Er ist der Mächtige und zugleich der Barmherzige, er leitet die Menschen, geht aber nicht auf sie zu, er geht nicht in die Welt hinein, die er regiert. Die Grenzen zwischen Gott und den Menschen sind unüberbrückbar. Daher kann dieser Gott auch nicht menschliche Gestalt annehmen, noch weniger kann er sich im Tod am Kreuz für die Menschen hingeben. Einen mitleidenden Gott kann sich der Muslim nicht vorstellen, das wäre eine Blasphemie!

Eine in Pakistan aufgewachsene gläubige Muslima stieß bei der Lektüre des Neuen Testaments auf die Vorstellung, dass Gott unser Vater ist. Das war für sie zunächst unvorstellbar. Im Johannesevangelium las sie zudem die Worte Jesu: „Ich nenne euch nicht mehr Knechte" – wie dies im Islam der Fall ist – „denn ein Knecht weiß nicht, was sein Herr tut. Ich habe euch Freunde genannt, weil ich euch allen kundgemacht habe, was ich von meinem Vater gehört habe" (Joh 15,15). Da gingen ihr im Lauf der Zeit die Augen auf, und Gott erschien ihr in einem ganz neuen Licht. Das war für sie der Anstoß zur Bekehrung zum Glauben an den menschenfreundlichen Gott, der in Jesus einer von uns geworden und unseren Lebens- und Leidensweg mitgegangen ist – wie schon gesagt, für einen Muslim die reinste Gotteslästerung!

Das unterscheidet nun eben den Gott Jesu Christi und damit aller Christen von Allah, dass er uns Anteil gibt an seinem dreifaltigen Wesen.

Stirbt ein gläubiger Muslim, dann erwartet ihn im Paradies die Gemeinschaft der dort Lebenden, aber eine Gemeinschaft mit Gott bleibt ihm verwehrt.

So sehen wir, die Gottesvorstellungen von Christen und Muslimen unterscheiden sich erheblich. Dabei haben wir noch nicht von dem dreifaltigen Gott gesprochen, der ein Wir ist und nicht ein einsames, um sich selbst kreisendes Wesen und damit auf die Gemeinschaft mit Menschen angewiesen, will er seine Barmherzigkeit erweisen ...

TIPP

- Wieso passt diese Predigt zum Dreifaltigkeitssonntag?
- Versuche einem muslimischen Jungen zu erklären, warum Kreuz und Auferstehung für einen Christen zum Glauben gehören!

Fertig Internet

Datei Bearbeiten Ansicht Favoriten Extras ?

Zurück Suchen Favoriten

Adresse http://www.auer-verlag.de/Studienreise_Islam/Verhaltenstipps Wechseln zu

Muslime verstehen die islamische Lebensweise als Prüfung, der sie von Allah unterzogen werden und deren Bestehen oder Nichtbestehen Folgen im Jenseits hat.

Kleidung

Gesten und Zeichen sind in islamischen Ländern allgemein strenger geregelt als bei uns.

Für einen Mann gelten kurze Hosen als unanständig, Frauen sollten möglichst bedeckt gehen, wobei modisch dezente Kleidung das Ansehen hebt. Kurze Röcke oder Ärmel deuten Muslime als unanständig oder gar Provokation. In manchen Ländern müssen auch Touristinnen Kopftuch und Mantel tragen. Grundsätzlich ist es ratsam, dies zu tun, da strenggläubige Muslime andere Kleidung als Beleidigung empfinden. Shorts, Tops oder enge Jeans sollten am besten gleich zu Hause gelassen werden!

Info-Box

Leben als Prüfung:

Halal ist ein arabisches Wort und bedeutet: „das Zulässige, Erlaubte". Das Gegenteil ist Haram, „das Unzulässige, Verbotene".

Halal umfasst alle Dinge und Handlungen, die aus islamischer Sicht gestattet sind. Für die Beachtung der Halal-Regeln wird Belohnung von Allah sowohl im Jenseits als auch im Diesseits erwartet. Entsprechend wird bei Nichtbeachtung mit Bestrafung gerechnet.

Allgemein gilt das Haus als Bereich der Frau, die Straße als der des Mannes. Frauen- und Männerwelt sind strikt getrennt. Da Körperkontakt zwischen den Geschlechtern in der Öffentlichkeit verpönt ist (Händchenhalten, Knutschen ... sind unmöglich!), kann auch bei der Begrüßung der Händedruck ausbleiben. Dies ist kein Zeichen der Abneigung.

Essen

Fleischwaren
Da der Koran den Genuss von Schweinefleisch verbietet, findet man kaum Läden, die solches anbieten. Fleischwaren unterliegen der Forderung nach Reinheit, d. h., die Tiere müssen geschächtet werden.

Alkohol

Landesübliche Alkoholika können meist gekauft werden (Raki, Bier, Wein). Ein strenggläubiger Muslim hält sich an das Alkoholverbot im Koran, auch wenn die Gelehrten sich über das Ausmaß dieses Verbots nicht einigen können.
Betrunkene Touristen sind ein Skandal, sie schaden dem Ansehen ihres Landes!

Zur Begrüßung wird in einem muslimischen Haus meist Tee gereicht. Es gilt als unhöflich, diese Geste der Gastfreundschaft abzulehnen.

Gebet

Zwei Stunden vor Sonnenaufgang ruft der Muezzin vom Minarett der Moschee aus zum ersten Gebet. Insgesamt erschallt der Gebetsruf fünfmal am Tag. Wenn sich die Gläubigen an jeder beliebigen Stelle zum Gebet niederknien, sind Gaffer unerwünscht. Aufdringliche Fotos von Betenden verletzen die Intimsphäre!

Fertig Internet

Datei Bearbeiten Ansicht Favoriten Extras ?

Zurück Suchen Favoriten

Adresse http://www.auer-verlag.de/Studienreise_Islam/Besuch_einer_Moschee Wechseln zu

Besuch einer Moschee

Moscheen sind Orte des Gebets, der Lehre und der Versammlung, um die Freitagspredigten zu hören.

Erkundige dich zuvor, ob du eine Moschee betreten darfst! Vor dem Eintritt müssen in jedem Fall die Schuhe im Vorraum ausgezogen werden. Wasche bei Gelegenheit Hände und Gesicht mit Brunnen- oder Leitungswasser, das stets vor einer Moschee zu finden ist. Frauen brauchen ein Kopftuch.

Unmittelbar vor einem Betenden sollte man nicht vorübergehen, um sich damit nicht symbolisch zwischen ihn und Gott zu stellen.

Muhammads Haus gab den Grundriss für die Moschee vor. Der Raum ist reine Gebetshalle, wobei eine **Kanzel / Minbar** für den Prediger an der Seite steht **(Freitagsgebet!)**. Wegen des Bilderverbots wird man nur Ornamente finden.
Die Gläubigen stehen vor der **Kibla**, der Wand, die nach Mekka weist und in der die **Mihrab**, die Gebetsnische, eingelassen ist. Sie folgen dem Vorbild des Vorbeters, der den Gebetsritus fünfmal am Tag vollzieht.

Info-Box

Masdschid (Moschee):

Ort der Niederwerfung (zum Gebet)

Auf einem Turm, dem *Minarett,* steht der *Muezzin* (Rufer). Er ruft die Gläubigen zum Gebet mit dem Ruf:

Allah u akbar! (Gott ist groß!)

Die Blaue Moschee in Istanbul

TIPP

Beste Vorbereitung bietet natürlich der Besuch einer Moschee in Deutschland.
Dabei ist eine neue Einrichtung behilflich, die sich **TOM** nennt (**T**ag der **o**ffenen **M**oschee – Infos z. B.: **www.islam.de**). Weitere Moscheen findet man in Kunstbüchern. Ein Vergleich mit einem Kirchengrundriss ist sehr aufschlussreich.

Fertig Internet

Datei Bearbeiten Ansicht Favoriten Extras ?

Zurück Suchen Favoriten

Adresse http://www.auer-verlag.de/Studienreise_Islam/Geschichtliches Wechseln zu

Der Islam ist nicht die geschlossene Einheit, als die er oft gesehen wird. Im Laufe der Geschichte spaltete er sich in viele Richtungen.

Anfangs entfaltete die Einigung der arabischen Stämme durch den einenden Glauben an Allah eine ungeheure Kraft. So eroberten die ersten Kalifen, die Nachfolger Muhammads, vor allem große Teile Arabiens und Nordafrikas (s. Karte).

Kalif *(Beschützer aller Gläubigen)* konnte dabei zuerst nur werden, wer mit Muhammad „verwandt" war.

Muhammad stirbt 632 n. Chr.

Nachfolger:

Abu Bakr:	632 bis 634 n. Chr.
Omar:	634 bis 644 n. Chr.
Othman:	644 bis 656 n. Chr.
Ali:	656 bis 661 n. Chr.

Die rechte Personengruppe zeigt Muhammad, seine Frau Fatima, seinen Vetter Ali und seine beiden Enkel Hasan und Hussein.
Miniatur aus einer arabischen Handschrift (18. Jh.)

Ali: Vetter, Adoptiv- und Schwiegersohn Muhammads, heiratete dessen Tochter Fatima; als vierter Kalif gewählt, 661 in Kufa (Irak) ermordet.

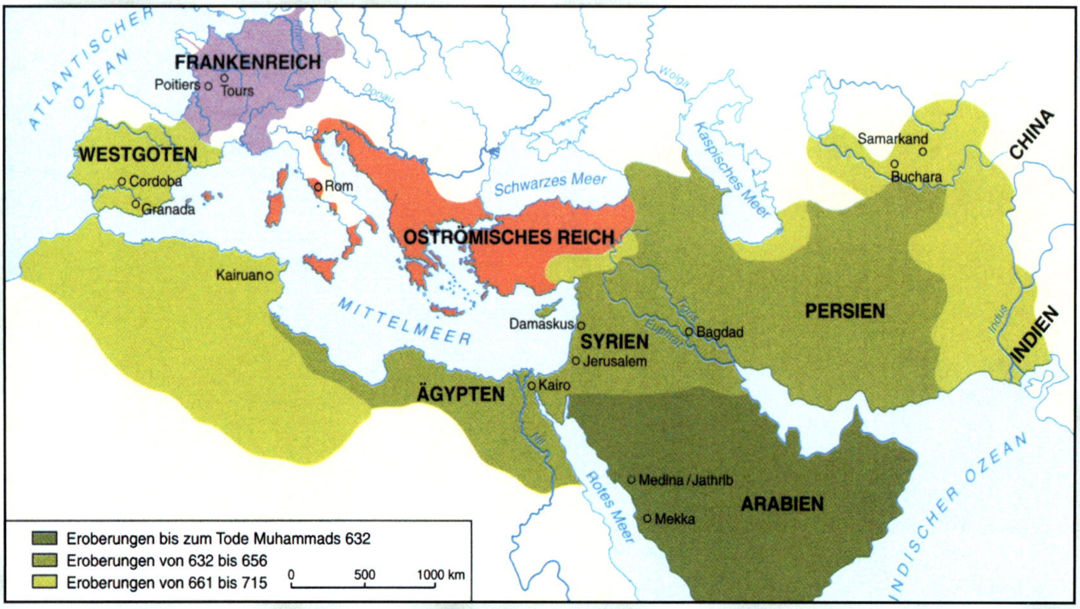

Die Ausbreitung des Islam bis 715 n. Chr.

Fertig Internet

Datei Bearbeiten Ansicht Favoriten Extras ?

Zurück Suchen Favoriten

Adresse http://www.auer-verlag.de/Studienreise_Islam/Geschichtliches Wechseln zu

Schiiten/Sunniten

Die erste Spaltung im Islam erfolgte durch den Streit zwischen dem Kalifen Ali und seinem Kontrahenten Mu'awiya, der dann erster Kalif der Umajjaden-Dynastie wurde. Die Sunniten („Partei der Sunna") erkannten deren Regierung an. Die Gruppe der *Schiiten* (arab.: *Schia Ali*, „Partei Alis") ergriff dagegen Partei für Ali und hielt auch dessen weiteren Nachkommen die Treue. Die Schiiten halten bis heute am Grundsatz der blutmäßigen Abstammung von Muhammad als Bedingung zur Übernahme des Kalifenamtes fest, ihr religiöser Führer ist der Imam.

Die *Sunniten* verstehen sich als die islamische Orthodoxie, sie erkennen als Nachfolger Muhammads auch Kalifen als rechtmäßig an, die nicht dessen Nachkommenschaft entstammen. Grundlage ihrer Glaubens- und Pflichtenlehre sind der Koran und die Sunna.

Die Spaltung in „Konfessionen" führt manchmal auch zu Konflikten untereinander. Im Iran dominieren dabei z. B. die Schiiten, während sonst die Sunniten fast überall die Mehrheit stellen.

Info-Box

Sunna
[arabisch „Brauch", „Sitte"]
die Gesamtheit der von Muhammad überlieferten Aussprüche, Entscheidungen und Verhaltensweisen; neben dem Koran Richtschnur für das persönliche und staatliche Handeln.

Imam
a) Vorbeter in der Moschee
b) Geistlicher Führer, meist der Titel des Kalifen (Herrschers)
c) Bei den Schiiten aus der Nachkommenschaft Alis stammender unfehlbarer Lehrer und Führer

Hussein war der Sohn des Ali: Ihm wurde nach seiner Ermordung in Kerbela im Irak ein prächtiges Grabmal erbaut.

War ein berühmter Imam verstorben, so entstand oft eine Legende, die von der Rückkehr des Imams am Ende der Zeiten sprach. Dieser soll dann Macht und Reich wiederherstellen. Er wird zum Hoffnungsträger in Krisensituationen.

TIPP
Auch in europäischen Sagen findest du solche Herrscher, auf die ein Volk wartet!

Im Laufe der Geschichte gab es weitere Abspaltungen, wobei sich die einzelnen Gruppen innerhalb der Schiiten meist nach dem letzten Imam, den sie anerkennen, benennen. Innerhalb der Sunniten gibt es keine direkten Abspaltungen, aber große theologische Schulen, die sich in der Deutung des Koran und des Rechts sehr unterscheiden.

Fertig Internet

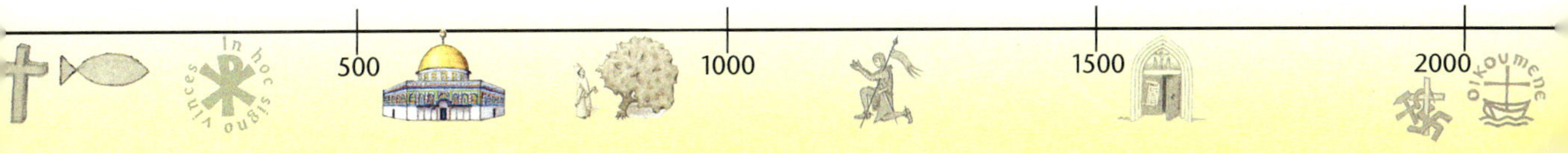

Datei Bearbeiten Ansicht Favoriten Extras ?

Zurück Suchen Favoriten

Adresse http://www.auer-verlag.de/Studienreise_Islam/Arabisch-islamische_Kultur Wechseln zu

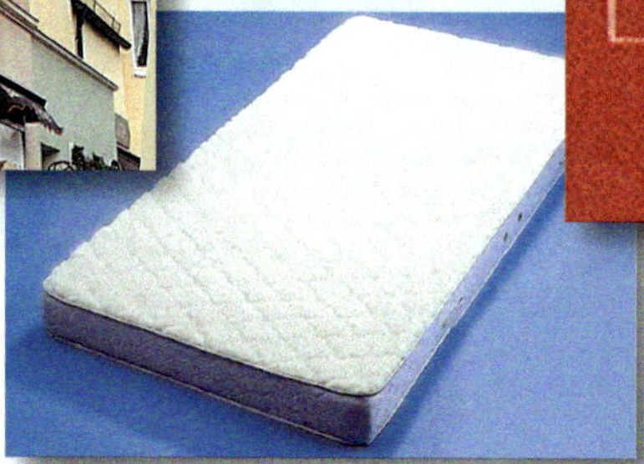

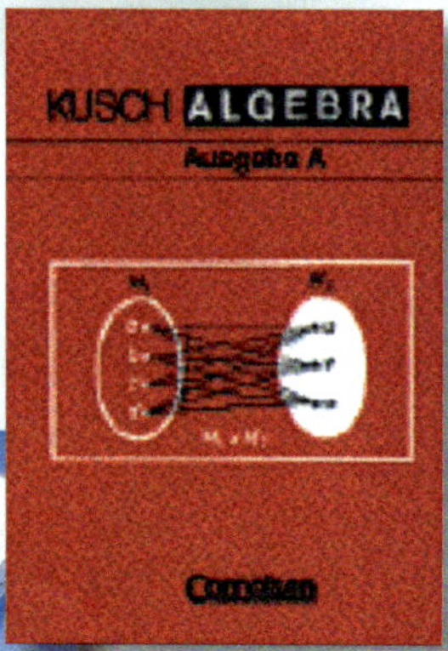

Fertig Internet

Datei Bearbeiten Ansicht Favoriten Extras ?

Zurück Suchen Favoriten

Adresse http://www.auer-verlag.de/Studienreise_Islam/Arabisch-islamische_Kultur Wechseln zu

Während des Mittelalters trafen Christen als Wallfahrer, Kaufleute oder Kreuzfahrer im Orient auf eine überlegene Kultur. Die Araber hatten das aus der griechischen Antike übernommene Wissen systematisch ausgebaut, ihre weit reichenden Handelskontakte bis nach Indien und China eröffneten neue Horizonte. Über Spanien und Sizilien fand neben Gewürzen, Ölen und später Kaffee vieles andere seinen Weg nach Norden, so z. B. die Papierherstellung, die Drucktechnik, der Kompass, das Schießpulver oder der Raketenantrieb. In der Mathematik revolutionierte das mit „arabischen Ziffern" notierte Stellenwertsystem verbunden mit der Einführung der Ziffer 0 das bis dahin übliche umständliche Rechnen mit römischen Zahlen. Die Ziffern stammten aus Indien und kamen über das islamisch beherrschte Andalusien ins christliche Europa.

Admiral – Algebra – Algorithmus – Amulett – Aprikose – Balsam – Banane – Barke – Benzin – Bluse – Bohne – Chemie – Drogerie – Gamasche – Giraffe – Gitarre – Jacke – Jasmin – Kabel – Kaffee – Kandis – Karaffe – Karussell – Kittel – Koffer – Konditor – Kümmel – Kuppel – Lack – Lakritze – Laute – Lila – Limonade – Magazin – Mandoline – Maske – Massage – Matratze – Mosaik – Mütze – Muskat – Orange – Pantoffel – Pfirsich – Reis – Risiko – Sandale – Schach – Schal – Scheck – Sirup – Sofa – Spinat – Taft – Tarif – Tasse – Teppich – Trompete – Watte – Ziffer – Zimt – Zither – Zucker – Zwetschge

Wörter auf Wanderschaft

Die engen Beziehungen zwischen dem deutschen und dem osmanischen Reich (Vorgängerreich der heutigen Türkei) haben in der türkischen und der deutschen Sprache ihre Spuren hinterlassen.

Deutsche Wörter im Türkischen

haymatlos	umherziehend, staatenlos
hainster	Hamster (Maus)
kinderhaym	Kinderheim
fertikgi	Stationsvorsteher (er ruft „Fertig!")
hinterland	Hinterland, Einzugsgebiet

1	2	3	4	5
6	7	8	9	0

Arabische Ziffern

Türkische Wörter im Deutschen

Kiosk	„kleine Verkaufsstelle für Zeitungen", „offener Gartenpavillon"
Diwan	„Sofa; Gedichtsammlung". Im 19. Jh. entlehnt aus türk. *divan* = „Sofa" (dieses aus persisch *Diwan* = „Amtszimmer")
Dolmetscher	Über ungar. *Tolmäcs* entlehnt aus türk. *Dilmas*
Kaffee	Im 17. Jh. entlehnt aus türk. *Kahve,* aus arab. *Qahwa*
Joghurt	Im 20. Jh. entlehnt aus gleichbedeutend türk. *Yoğurt*
Tulpe	Im 16. Jh. Einführung der Pflanze aus der Türkei

TIPP

Grenzt die Gebiete ein, die den Vorsprung arabischer Länder gegenüber Europa in Mittelalter und früher Neuzeit zeigen!

Fertig Internet

Bewaffnete Mitglieder einer palästinensischen Miliz

Verheerender islamistischer Terroranschlag im afrikanischen Nairobi (8.8.98): Mehr als 150 Menschen starben.

Im Namen Allahs, des Allbarmherzigen?

Anschlag auf Synagoge
In Djerba werden viele Deutsche Opfer eines islamistischen Anschlags

Selbstmordanschlag auf Marktplatz fordert Tote und Verletzte
Attentäter sprengt sich in Tel Aviv in die Luft

Bin Laden ruft per SMS zu heiligem Krieg auf

Nach einem Selbstmordattentat in Tel Aviv (Israel) am 17. 7. 2002: weitere 5 Tote und 40 Verletzte

Der „heilige Krieg"

Durch Terroranschläge und Kriege ist das Bild des Islam heute verzerrt, man trennt oft kaum noch zwischen Islam und Dschihadismus.

Nach der Zerstörung des World Trade Centers durch islamische Terroristen besuchte der amerikanische Präsident Bush ein islamisches Zentrum – ein Zeichen dafür, dass er nicht den Islam für diese Schreckenstat verantwortlich macht.

Dschihadismus/Islamismus

Militante Islamisten rechtfertigen mit dem *Dschihad* ihren Krieg gegen die „Ungläubigen". Sie beziehen sich dabei besonders auf einen Koranvers, in dem es heißt: *„Und wenn die heiligen Monate abgelaufen sind, dann tötet die Heiden, wo immer ihr sie findet, greift sie, umzingelt sie und lauert ihnen überall auf"* (Sure 9,5). Dabei reißen sie diese Stelle aus dem Zusammenhang und übertragen ohne Unterscheidung alte Regeln auf das Heute.

Dieser Koranvers bezog sich eigentlich auf die eng begrenzte Situation der Rückeroberung Mekkas durch Muhammad.

Dschihad

Der Dschihad bezeichnet laut Koran das „Bemühen auf dem Weg Gottes". Damit ist zuerst der Kampf im Sinne einer kriegerischen Auseinandersetzung gemeint, vor allem zur Zeit Muhammads. Niemals allerdings wurde dieser Krieg zur Ausweitung des islamischen Herrschaftsgebietes als etwas Heiliges gedacht.
Nur in der Übersetzung von Dschihad als „Heiliger Krieg" kommt das Adjektiv heilig vor. Heute wird vom großen und dem kleinen Dschihad gesprochen.

Großer Dschihad: das Bemühen eines jeden, ein gottgefälliges Leben zu führen.

Kleiner Dschihad: Krieg zur Verteidigung des Islam

Einflussreiche islamische Gelehrte erteilen dem Dschihadismus eine eindeutige Absage:

„Schon unmittelbar nach der Aggression auf New York und Washington am 11. September 2001 habe ich betont, dass der Islam zum Schutz des Lebens Unschuldiger aufruft und dass der Islam Blutvergießen verbietet. Der Koran und die reinen Überlieferungen des Propheten rufen die Menschen auf, sich einander zu erbarmen, sich für das Gute einzusetzen und Sünde und Aggression zu verwerfen. In einem Vers des Koran erklärt uns Allah, der Erhabene, dass, wenn jemand einen Menschen tötet, es so ist, als ob er die ganze Menschheit getötet habe: **‚Wenn jemand einen Menschen tötet, ohne dass dieser einen Mord begangen hat oder ohne dass ein Unheil auf Erden geschehen ist, sei es so, als hätte er die ganze Menschheit getötet ...'** ***(Sure 5,32).***"

Sajjid Muhammad Tantawi, Scheich von al Azhar (Universität Kairo)

?!

- Tragt Beispiele zusammen, wo heute Religion missbraucht wird, um Macht und Gewalt zu rechtfertigen!

Der Islam fasziniert und erschreckt. Da sind die vielen Gläubigen, die keine Schwierigkeiten zu haben scheinen, ihren Glauben öffentlich zu leben, die gemeinsam beten. Und da sind die vielen Dinge, die uns fremd sind oder gar abschrecken.

Befremdliches

Christen werden wie die Juden als Leute/Volk des Buches nur geduldet. Sie werden an der Ausübung ihrer Religion gehindert, beispielsweise wird es ihnen in Saudi-Arabien sogar verboten, sich in Privathäusern zum Gebet zu versammeln, während bei uns Muslime in den meisten Fällen Moscheen sogar mit Minaretten errichten dürfen.

Der Koran erlaubt die Eheschließung zwischen einem muslimischen Mann und einer Frau aus den Reihen der Schriftbesitzer. Über eine Ehe zwischen einem Christen und einer muslimischen Frau schweigt der Koran, aber islamische Gelehrte verbieten diese Form der Eheschließung.

Jahrelang begegnete ein Staat wie die Türkei den Christen, die infolge vielfacher Benachteiligungen zu einer Minderheit zusammengeschmolzen sind, mit Misstrauen. Unter anderem durften sie seit Gründung der Republik keine Kirche mehr bauen.

Freiheit und Selbstbestimmung des Einzelnen finden im „göttlichen" Gesetz enge Grenzen, besonders im Bereich von Sexualität, Kunst und Wissenschaft. Der Abfall vom Islam wird nach islamischem Recht mit Strafen wie dem Verlust der Erb- und Testamentierfähigkeit, bisweilen sogar dem Tod bedroht.

Vor allem in rein islamischen Staaten zeigt die überwiegende Mehrzahl der Muslime kein großes Interesse an einem interreligiösen Dialog. Das Bemühen, andere Religionen kennenzulernen, ist gering. Ist das bei uns anders?

Verena Q.-S. schrieb:

In meinem eigenen Umfeld erlebe ich:

Die Menschen hier haben keine wirkliche Kenntnis des Islam. Ein wildes Gemisch aus Halbwissen, Vorurteilen und Fragen, die sich kaum jemand zu stellen traut (es geht ja um Religion – das ist was ganz Persönliches, da fragt man nicht ... !), bildet die Grundlage dafür, dass ein ganz wichtiger Dialog nicht stattfindet.

Dazu kommt eine von Einschaltquoten und Leserzahlen angetriebene, Sensationen jagende Panikmache in der Berichterstattung – und es ist leider so: Je populärer ein Magazin/Sender/Zeitung, desto reißerischer – und desto weniger objektiv ist der Bericht.

Gefundenes Fressen sind immer wieder Themen, die Angst machen ...

Und leider geben die Ereignisse der jüngsten Zeit Grund, auf Themen herumzureiten, die die Angst vor dem Islam weiter schüren: Massenmord und Terrordrohungen, Verletzung von Menschenrechten, Unterdrückung ...

Die Medien schaffen oft durch ihre fast rein negative Berichterstattung ein Feindbild, das sich tiefer und tiefer in die Herzen der Menschen hier einsenkt.

Ich gehöre nicht dem Islam an, sondern bin Christin, ich bin jedoch mit einem Moslem verheiratet. Erst als ich meinen Mann kennengelernt hatte und dadurch anfing, mich mit dem Islam auseinanderzusetzen, wurde mir bewusst, wie sehr mein eigenes Weltbild durch Unwissenheit und Beeinflussung durch das täglich Gehörte und Gesehene in eine Schieflage geraten war.

?!

- Welche Themen/Fragen sollten nach eurer Meinung miteinander geklärt werden?

Ansätze für einen Dialog

Papst Johannes Paul II. lud mehrfach Vertreter aller Weltreligionen, kirchlichen Gemeinschaften und Naturreligionen nach Assisi ein, um gemeinsam für den Weltfrieden zu beten.

Das Zweite Vatikanische Konzil (1962–1965) erklärte:
Mit Hochachtung betrachtet die Kirche auch die Muslime, die den alleinigen Gott anbeten, den lebendigen und in sich seienden, barmherzigen und allmächtigen, den Schöpfer des Himmels und der Erde, der zu den Menschen gesprochen hat. Sie mühen sich, auch seinen verborgenen Ratschlüssen sich mit ganzer Seele zu unterwerfen, so wie Abraham sich Gott unterworfen hat, auf den der islamische Glaube sich gerne beruft. Jesus, den sie allerdings nicht als Gott anerkennen, verehren sie doch als Propheten, und sie ehren seine jungfräuliche Mutter Maria, die sie bisweilen auch in Frömmigkeit anrufen.
Überdies erwarten sie den Tag des Gerichts, an dem Gott alle Menschen auferweckt und ihnen vergilt. Deshalb legen sie Wert auf sittliche Lebenshaltung und verehren Gott besonders durch Gebet, Almosen und Fasten.
Da es jedoch im Laufe der Jahrhunderte zu manchen Zwistigkeiten und Feindschaften zwischen Christen und Muslimen kam, ermahnt die Heilige Synode alle, alles Vergangene beiseitezulassen, sich aufrichtig um gegenseitiges Verstehen zu bemühen und gemeinsam einzutreten für Schutz und Förderung der sozialen Gerechtigkeit, der sittlichen Güter und nicht zuletzt des Friedens und der Freiheit aller Menschen.

Nostra aetate 3

Christlich-islamische Begegnung – Dokumentationsstelle **CIBEDO**
1998 feierte CIBEDO e.V. als eingetragener Verein, der seine Aufgaben im Auftrag der Deutschen Bischofskonferenz wahrnimmt, sein 20-jähriges Bestehen. Er verzeichnet ein wachsendes Interesse an Informationen über den Islam im kirchlichen Raum und am Gespräch mit den hierzulande lebenden Muslimen. **http://www.cibedo.de**

?!

- Welche Gemeinsamkeiten zwischen Christen und Muslimen werden im Konzilsdokument angesprochen?
- Diskutiert, wo eurer Meinung nach Christen und Muslime aufgrund dieser Gemeinsamkeiten heute zusammenarbeiten könnten!

Mannheim

Kamran und Alboga, zwei engagierte Muslime aus Mannheim, arbeiten mit den Kirchen ihres Wohnviertels und der Stadt selbst daran, Deutsche und Türken, Muslime, Christen und Juden zusammenzubringen. Sie veranstalten zum Beispiel ökumenische Gottesdienste, Konzerte mit Kirchenchören und Sufi-Musikern sowie Seminare für Lehrer. Sie wollen eine offene Moschee. Rund 250 000 Besucher haben sie schon durch das Gebetshaus geführt.

Die muslimischen Gotteshäuser haben hier wie in islamischen Ländern neben der religiösen vor allem auch eine soziale Funktion. In der Mannheimer Yavuz-Sultan-Selim-Moschee kommen die jüngeren Deutschtürken in einem Jugendzentrum zusammen, es werden Deutschkurse für Frauen angeboten, und die Teestube ist ein wichtiger Treffpunkt. Es gibt einen Friseur, einen Lebensmittelladen, ein Reisebüro. Korankurse werden auch in deutscher Sprache abgehalten. „In einigen Jahren", meint Kamran, „wird hier auch auf Deutsch gepredigt werden."

Kamran und Alboga werben für Offenheit, und entschieden verteidigen sie ihr Konzept auch nach innen: „Transparenz immunisiert gegen Intoleranz und Radikalismus".

In Mannheim liegen die katholische Kirche und die Moschee nebeneinander.

Eichstätt

Leben gestalten (LG): Schwester Leodegaria, Sie gehören dem Benediktinerorden an und sind Leiterin des katholischen Kindergartens St. Walburg. Auffallend ist, dass trotz vieler anderer Angebote Muslime ihre Kinder gerade zu Ihnen schicken.

Schwester Leodegaria (SL): Eltern, die ihre Kinder bei uns anmelden, wissen, dass wir Schwestern die Kinder so annehmen, wie sie sind, jeden so behandeln, wie es seiner Eigenart entspricht. Sie wissen, wir legen Wert auf religiöse Bildung und es gibt für keinen eine Sonderstellung.

LG: Was ist dabei Ihr Ziel?

SL: Die Kompetenz weiterzugeben, den anderen zu achten in seiner Selbstständigkeit, nicht dulden, sondern miteinander leben können, jeder mit seinem Glauben.

LG: Wie wird der Glaube vermittelt?

SL: Also die Kinder sind da alle gleich, ohne Ausnahme, sie haben ein natürliches Interesse und sind noch nicht so eingeschränkt von außen, wie es Jugendliche oder Erwachsene dann werden. Kinder saugen Geschichten und religiöse Gespräche richtig auf. Wir sprechen über die Fragen, die jeden angehen, aber wir missionieren nicht.

LG: Sie feiern Feste, sie halten Kindergottesdienste?

SL: Natürlich. Feste und Feiern werden von Christen und Muslimen angenommen. Zum Beispiel spricht der Laternenumzug bei St. Martin gerade Muslime an. Teilen oder Barmherzigkeit betreffen jeden. Oder die Nikolausfeier. Gerade die türkischen Muslime sind da sehr stolz auf den Heiligen, der ja aus „ihrem" Myra in der Türkei stammt.

Es wird vorher immer gesagt, dass niemand zu diesen Festen kommen muss. Aber kaum jemand will dann nicht dabei sein.

LG: Wie gehen die Kinder miteinander um?

SL: Die Kinder haben kein Problem, miteinander umzugehen. Sie wissen, dass andere einen anderen Glauben haben und dass sie bei religiösen Gesprächen nicht mitmachen müssen.

LG: Gibt es Schwierigkeiten mit den Speisevorschriften?

SL: Heute gibt es so viele unterschiedliche Essgewohnheiten, da fällt kaum auf, wenn die einen keine Wurst nehmen, sondern eben Käse oder anderes.

LG: Was stellen muslimische Eltern als Wunsch in den Vordergrund?

SL: Sie wollen eine geradlinige Erziehung, eine klare Ordnung. Die Kinder sollen einen gewissen Schutz haben und fürs Leben erzogen werden. Wichtig ist, dass man keine Unterschiede macht.

Muslimische und christliche Kinder backen gemeinsam Plätzchen.

LG: Gibt es für Sie als Schwester deutliche Grenzen?

SL: Die neuen Bildungsrichtlinien reden von Offenheit für andere Religionen. Wenn damit eines Tages gemeint ist, dass wir ohne Unterschied auch muslimische Feste feiern und so tun, als wäre das eine so wichtig wie das andere, dann wäre für mich schon eine Grenze erreicht. Für mich ist Glauben nicht, dass alles gleich gültig ist. Offenheit lebe ich schließlich aus meinem Glauben heraus, und das wird auch von Muslimen honoriert.

Ramadan Demirel ist 2. Vorsitzender des muslimischen Kulturvereins.

LG: Herr Demirel, warum schicken Sie Ihre Kinder in einen katholischen Kindergarten?

Ramadan Demirel (RD): Meine drei Kinder waren alle in St. Walburg. Alle sind zufrieden, nie gab es einen Streit.

LG: Was sehen Sie als den größten Vorteil?

RD: Die Kinder lernen dort gut, sie haben so schon nach zwei Monaten recht gut deutsch gesprochen. Sie werden gut auf die Schule vorbereitet. Und jedes Kind ist immer mit einem guten Gefühl zum Kindergarten gegangen.

LG: Welche Rolle spielt für Sie der Glaube?

RD: Wichtig ist, dass der Kindergarten gläubig ist, denn wenn der Kindergarten kein Glaubensinteresse hat, dann hat er kein echtes Interesse am Kind. Wo es einen Glauben gibt, gibt es keine Probleme.

LG: Wie ist das Zusammenleben der Kinder?

RD: Unsere Kinder haben Freundschaften mit den anderen Kindern – mit muslimischen oder nicht muslimischen. Manche Kinder kommen auch zu uns nach Hause.

LG: Was ist für Sie das Wichtigste an dem Kindergarten?

RD: Dass es keine Unterschiede gibt zu den anderen Kindern und die Kinder freundlich und gleich behandelt werden. Das ist bei den Schwestern in St. Walburg sicher.

?!

- Diskutiert, inwieweit ihr das Angebot, als Nicht-Muslime an Gottesdiensten in einer Moschee teilzunehmen, annehmen würdet!
- „Wichtig ist, dass der Kindergarten gläubig ist." – Nehmt zu dieser Aussage von Ramadan Demirel Stellung!
- Sucht in eurer Umgebung selbst nach Beispielen geglückten Zusammenlebens!

1. Versucht in einer Umfrage herauszufinden, wie die jeweilige Religion das Leben im Alltag junger Menschen aus eurem Umfeld bestimmt!

2. Versucht einen englischsprachigen Briefkontakt (für diese Unterrichtsreihe) zu einer muslimischen Oberschule in einem gemäßigten arabischen Land herzustellen! Kontaktadresse wäre der jeweilige deutsche Kulturattaché in diesem Land!

3. Gestaltet einen (Projekt-)Tag zum Islam, indem ihr Vertreter der Glaubensgemeinschaft zu einem Podiumsgespräch aller siebten Klassen einladet! Bereitet dieses Podiumsgespräch vor, dokumentiert die Gespräche mit Videoaufnahmen und wertet sie anschließend aus!

4. Gestaltet eine „Gebetswand der Völker", indem ihr Gebete aus allen Weltreligionen auf einer großen Schautafel ausstellt und eurer Schulöffentlichkeit vorstellt!

5. Bringt alle eure Erkenntnisse, Erfahrungen und auch Gefühle in eine Jahresabschlussfeier ein, wo in einem Gottesdienst die Hoffnungen, Wünsche und Sorgen vor Gott gebracht werden!

6. Vergrößert eine Landkarte eurer Region und markiert alle „religiösen Punkte" islamischer oder christlicher Herkunft! Erstellt dazu eine Legende mit genauen Hintergrundinformationen!

7. Bereitet über TOM oder eine Anfrage bei einer Moschee in eurer Nähe einen Besuch vor! Erstellt dazu Verhaltensregeln für eure Mitschüler und einen Fragenkatalog für den Moschee-Führer!

8. Stellt die für euch schönste Kirche der Christenheit neben die schönste Moschee – auf Plakatwänden – und erklärt die Einzelheiten im Bau sowie die Funktionen, die diese Dinge haben!

9. Jedes Reisebüro bietet Ratschläge für Touristenreisen in islamische Länder. Besorgt euch Prospekte und wertet sie aus!

1. Die vier unverrückbaren Weisungen des Parlamentes der Weltreligionen in Chicago 1993:

I. Die Verpflichtung auf eine Kultur der Gewaltlosigkeit und der Ehrfurcht vor dem Leben
II. Die Verpflichtung auf eine Kultur der Solidarität und gerechten Wirtschaftsordnung
III. Die Verpflichtung auf eine Kultur der Toleranz und ein Leben in Wahrhaftigkeit
IV. Die Verpflichtung auf eine Kultur der Gleichberechtigung und die Partnerschaft von Mann und Frau

Erinnere dich an alles, was du über den Islam gelernt hast, und ordne jeder dieser Forderungen Aussagen zu, die irgendeine Beziehung zum Islam haben!

2. Gebt selbst Stichwörter aus dem islamischen Glauben vor und lasst euren Nachbarn definieren, was sich dahinter verbirgt! Wechselt euch in der Rolle des Fragers und des Beantwortenden ab!

3. Erkläre mit eigenen Worten folgende Wortpaare:

   Sunnit – Schiit
   Mekka – Medina
   Muhammad – Allah
   Ramadan – Zuckerfest

4. Welche Rolle kommt im Islam folgenden „Personen" zu:

   Ali – Leute des Buches – Gabriel – Hadschi?

5. Diskutiert mithilfe des erworbenen Wissens über mehrere der vom islamischen Zentralrat angestrebten Ziele, die er auf seiner Homepage veröffentlicht hat! Dazu gehören u. a.:

- Einführung eines deutschsprachigen islamischen Religionsunterrichts,
- Einrichtung von Lehrstühlen zur akademischen Ausbildung islamischer Religionslehrer und Vorbeter (Imame),
- Genehmigung des Baus innerstädtischer Moscheen,
- Erlaubnis des durch Lautsprecher verstärkten Gebetsrufs, Respektierung islamischer Bekleidungsvorschriften in Schulen und Behörden,
- Beteiligung von Muslimen an den Aufsichtsgremien der Medien,
- Vollzug des Urteils des Bundesverfassungsgerichts zum Schächten,
- Beschäftigung muslimischer Militärbetreuer,
- muslimische Betreuung in medizinischen und sozialen Einrichtungen,
- staatlicher Schutz islamischer Feiertage,
- Einrichtung muslimischer Friedhöfe und Grabfelder.

6. Erkläre, was du hier siehst und welchen Hintergrund diese Art der Malerei hat!

Aaron	Bruder des Mose; Priester, wird in späterer Zeit erster Hoherpriester Israels genannt
Abraham	Wörtlich übersetzt: *Vater der Menge;* in den drei Weltreligionen Judentum, Christentum, Islam als Stammvater des Glaubens verehrt
Agilolfinger	Ältestes bayerisches Herzogsgeschlecht (etwa 555–788 n. Chr.) mit maßgeblichem Einfluss auf die Christianisierung Bayerns
Allah	Gottesbezeichnung im Islam
Altar	Tisch, auf dem in der Eucharistiefeier Brot und Wein in Leib und Blut Christi verwandelt werden; Symbol für die Gegenwart Christi im Zentrum der Eucharistiegemeinschaft
Altes Testament	Bezeichnung für die 46 Schriften der hebräischen bzw. jüdischen Bibel, eingeteilt in: Geschichtliche Bücher – Gebete und Weisheitsbücher – Prophetische Bücher
Ambo	Kanzelartiges Lesepult
Antiochia (Syrien)	Drittgrößte Stadt des Römischen Reiches; in ihr werden die Jesus-Anhänger zum ersten Mal „Christen" genannt
Apostel	1. die zwölf von Jesus ausgewählten Jünger 2. Ehrenname für bedeutende Missionare
Apostelgeschichte	Als Fortführung seines Evangeliums von Lukas verfasste Geschichte des Urchristentums
Apostelkonzil	Frühkirchliche Zusammenkunft zur Klärung der Stellung der Heidenchristen zum jüdischen Gesetz (ca. 48 n. Chr.)
Armenbibel	Für Menschen, die nicht lesen konnten, in Büchern oder Kirchen gemalte Szenen aus der Heiligen Schrift
Auferstehung	Die im Neuen Testament bezeugte Auferstehung Christi von den Toten drei Tage nach seinem Kreuzestod; fundamentale christliche Glaubensaussage
Augustinus	(354–430 n. Chr.), Kirchenlehrer
Baal	*Herr, Besitzer;* Name einer der männlichen Hauptgottheiten Kanaans, verantwortlich für Wachstum und Wetter
Babylon	Hauptstadt eines antiken Großreiches an den Flüssen Euphrat und Tigris; Verbannungsort der Bewohner Judas nach der Zerstörung Jerusalems 586 v. Chr.
Babylonisches Exil	Der erzwungene Aufenthalt der Juden in Babylon nach der Zerstörung Jerusalems durch Nebukadnezar II. (586 v. Chr.) bis zu der vom Perserkönig Kyros erlaubten Rückkehr (538 v. Chr.)
Barock	Kunstepoche hauptsächlich des 17. und beginnenden 18. Jahrhunderts
Batseba	Frau des Urija; nach dessen Tod Frau Davids, Mutter von Salomo
Bekenntnis	Offenes Bekunden der eigenen Überzeugung, Bezeugen des eigenen Glaubens
Benedikt von Nursia	(etwa 480–547 n. Chr.), „Patron Europas", Gründer des Benediktinerordens, Begründer des abendländischen Mönchtums
Benjamin	1. Zweiter Sohn von Jakob und seiner Lieblingsfrau Rahel, die bei seiner Geburt starb; jüngster der zwölf Söhne Jakobs 2. Name eines der zwölf Stämme Israels
Berufung	Gottes Ruf, durch den Menschen mit besonderen Aufgaben betraut werden
Bet-El	Hebräisch: *Haus Gottes;* von Jakob nach seinem Traum von der „Himmelsleiter" begründetes Heiligtum
Betlehem	Ort in Palästina, 10 km südlich von Jerusalem, Heimat Davids und nach den Evangelisten Matthäus und Lukas Geburtsort Jesu
Bibel	Von griechisch „ta biblia": *die Schriftrollen, Bücher;* Bezeichnung für die Gesamtheit der Schriften des AT und NT
Bistum	s. Diözese
Bonifatius	(etwa 672–754 n. Chr.), „Apostel der Deutschen", angelsächsischer Benediktinermönch mit herausragenden Verdiensten um die Germanenmission und den Aufbau einer eng mit dem Papst verbundenen tragfähigen kirchlichen Organisationsstruktur in Deutschland
Bundesgott	Ausdruck dafür, dass Gott sich Abraham, anderen Patriarchen und Mose aus freien Stücken zuwandte und einen Bund mit ihnen schloss

Die Grundkenntnisse von Band 7 sind in blauer Farbe gedruckt.

Bundeslade	Kasten aus Akazienholz, der als Thron Gottes galt. In die Bundeslade wurden von Moses die Tafeln mit den Zehn Geboten gelegt.
Caritas	Katholische Hilfsorganisation
Chlodwig	König der Franken, der mit seiner Taufe im Jahr 498 n. Chr. einen wesentlichen Grundstein für das christliche Mittelalter in Europa legte
Chronos	Griechischer Begriff für Zeit, der vor allem die objektiv messbare Dimension der Zeit erfasst
Codex	Frühere Buchform; in der Mitte zusammengenähte und zwischen zwei Deckel gelegte Papyrus- oder Pergamentblätter
Columban	Irischer Mönch, der mit seinen Gefährten seit 592 n. Chr. auf dem europäischen Festland missionierte
Dämonen	In manchen Weltbildern werden Wesen zwischen Göttern und Menschen angenommen, die auf das menschliche Schicksal im Guten oder Bösen einwirken können
David	Israelitischer König von 1000–961 v. Chr.; Begründer des Reiches Israel, dessen Regierungszeit als goldenes Zeitalter gilt
Dekalog	Von griechisch „deka“: *zehn* und „logos“: *Wort*; Fachbegriff für die „Zehn Gebote“
Dekanat	Zusammenschluss mehrerer Nachbarpfarreien
Diakon(in)	Griechisch: *Diener(in)* 1. in der Urkirche: für besondere Dienste (z. B. Sorge um Hilfsbedürftige, Vorbereitung des Abendmahls) zuständig 2. heute: geistlicher Amtsträger nach Empfang der untersten Weihestufe
Diözese	Amtsbezirk eines katholischen Bischofs
Dschihad	Im Islam der allumfassende Einsatz für die Sache Gottes bis hin zum „heiligen Krieg“
Edda	Hauptsächlich aus der Wikingerzeit stammende Sammlung germanischer Helden- und Göttersagen
Elija	Israelitischer Prophet (9. Jh. v. Chr.), der gegen den Glauben an fremde Götter kämpfte
Emmaus	Ort in der Nähe von Jerusalem, an dem der auferstandene Christus zwei Jüngern erschien
Emmeram	Ca. 715 n. Chr. ermordeter fränkischer Missionsbischof; einer der Patrone der Diözese Regensburg
Engel	Griechisch: *Bote*; Überbringer göttlicher Botschaften, welche Gottes Herrlichkeit und Heiligkeit veranschaulichen
Ephesus	Wichtigste Stadt der römischen Provinz Asia mit dem Artemis-Tempel als einem der sieben Weltwunder der Antike
Erlösung	In christlichem Verständnis durch Jesu Kreuzestod ermöglichte Überwindung von Sünden und Tod zur Erreichung ewigen Lebens in Gott
Esau	Sohn von Isaak und Rebekka, älterer Zwillingsbruder Jakobs
Esséner	Jüdische Religionsgruppe
Eucharistie	Beim letzten Abendmahl von Jesus eingesetztes Altarsakrament; mittels der Konsekration (Wandlung) erwirkte Anwesenheit Christi mit Leib und Blut unter den Gestalten von Brot und Wein
Evangelium	Griechisch: *Frohe Botschaft* 1. eine die ganze Welt angehende gute Nachricht 2. Bezeichnung der neutestamentlichen Erzählungen über das Wirken Jesu
Ewiges Licht	Symbol für die Anwesenheit Christi unter der Gestalt der Hostien im Tabernakel
Exodus	Von griechisch „exodos“: *Auszug*; Bezeichnung für das zweite Buch der Bibel
Franz von Assisi	Giovanni Bernardone (1181–1226); Gründer des Franziskanerordens
Fronleichnam	Fest zur Verehrung des Altarsakraments

Fundamentalismus	Kompromissloses Beharren auf den eigenen politischen oder religiösen Überzeugungen
Galiläa	Landschaft, die zum Teil Nordisrael, zum Teil Syrien zugehört und in der Jesus aufwuchs
Gemeindereferent(in)	Ausgebildete(r) Laienmitarbeiter(in) in der Gemeindeseelsorge mit eigenem Aufgabengebiet, z. B. Religionsunterricht, Jugendarbeit
Genesis (Gen)	Griechisch: *Entstehung*; Bezeichnung für das erste Buch der Bibel, das von der Entstehung der Welt, der Menschheit und des Volkes Israel handelt
Gerechter Krieg	Seit dem Mittelalter entwickelte Lehre, wonach ein Krieg unter bestimmten Voraussetzungen mit der christlichen Botschaft vereinbar sein kann
Gesetzeslehrer	Schriftgelehrte, welche das jüdische Gesetz auslegen und „Rabbi" (Meister/Lehrer) genannt werden
Getsemani	Garten am Fuße des Ölberges in Jerusalem; Ort der Gefangennahme Jesu
Gideon	Israelitischer „Richter", der mit Gottes Hilfe die Midianiter vertreiben kann und es ablehnt, König zu werden
Gleichnis	Von Jesus bevorzugte Vorgänge der Alltagswelt aufgreifende Erzählform zur Verdeutlichung der Reich-Gottes-Botschaft
Goldenes Kalb	Symbol der Stärke und Fruchtbarkeit, das sich die Israeliten während der Abwesenheit des Mose auf dem Berg Sinai als Gottesbild anfertigten
Golgota	*Schädel-Höhe*; Hügel bei Jerusalem, der als Hinrichtungsstätte diente; Kreuzigungsort Jesu
Goliat	Riesenhafter Soldat der Philister; von David im Zweikampf besiegt und enthauptet
Gotik	Stilepoche der mittelalterlichen Kunst (ca. 1140–1450 n. Chr.); alles strebt nach oben, dem Himmel entgegen
Gotteslob	Gebet- und Gesangbuch der katholischen Kirche
Grundgesetz	Verfassung der Bundesrepublik Deutschland, garantiert in den Artikeln 1–19 die Wahrung der Grundrechte (allgemeine Menschenrechte sowie vom Verfassungsgeber jeder Einzelperson zugestandene Individualrechte)
Hadith	Sammlung von Überlieferungen aus dem Leben Muhammads; im Islam neben dem Koran Quelle religiöser Vorschriften
Hadsch	Pilgerfahrt nach Mekka; eine der fünf Grundpflichten des Islam
Handauflegung	Symbolische Geste des Segens und der Übertragung von Vollmacht
Hebräer	Andere Bezeichnung für „Israelit", die besonders zur Abgrenzung von Menschen nichtisraelitischer Herkunft verwendet wird
Heidenchristen	Christen, die vor ihrer Bekehrung Heiden waren und die nach der Taufe die Befolgung der jüdischen Gesetzesvorschriften ablehnten
Heilige(r)	Mensch, der besonders gottgefällig gelebt hat und nach seiner offiziellen Heiligsprechung durch den Papst in der ganzen Kirche als Fürsprecher bei Gott verehrt werden kann
Heiliger Geist	Dritte göttliche Person; im AT unsichtbare, aber wirksame Nähe Gottes zu den Menschen
Hidschra	Übersiedlung Muhammads von Mekka nach Medina im Jahr 622 n. Chr.; Beginn der islamischen Zeitrechung
Hoher Rat	Synedrium/Sanhedrin; höchste jüdische Rechtsbehörde mit 70 Mitgliedern, unter dem Vorsitz des Hohenpriesters auch für religiöse Angelegenheiten zuständig
Hostie	Scheibenförmige Oblate aus ungesäuertem Weizenbrot, die in der Eucharistiefeier in den Leib Christi verwandelt wird
Idol	Person oder Gegenstand schwärmerischer Verehrung
Imam	Gewählter Vorbeter in der Moschee und/oder geistlicher Führer im Islam
Inquisition	Geistliches Gericht zur Reinhaltung des katholischen Glaubens
Isaak	Sohn Abrahams und Saras, Vater von Esau und Jakob
Israel	1. Beiname des Patriarchen Jakob 2. Bezeichnung für das ganze von Jakob abstammende Volk 3. Nach dem Zerfall des salomonischen Reiches 931 v. Chr. Name des Nordreiches

Jahwe	Hebräisch *Ich werde da sein als der ich da sein werde;* von Gott dem Mose am brennenden Dornbusch geoffenbarter „Name"
Jakob	Sohn von Isaak und Rebekka, jüngerer Zwillingsbruder Esaus; erhält bei seinem nächtlichen Kampf den Beinamen „Israel" („Gottesstreiter")
Jerobeam	Erster König des Nordreiches Israel (931–910 v. Chr.)
Jerusalem	Von David eroberte Stadt des Jebusiterstammes; politisches und religiöses Zentrum Israels mit Königsburg und Tempel; 586 v. Chr. von den Babyloniern zerstört, nach dem Exil (ab 538 v. Chr.) wieder aufgebaut
Jesaja	(etwa 770–700 v. Chr.); Prophet des Alten Testaments, dessen Prophezeiungen im Neuen Testament vielfach auf Christus bezogen werden
Johannes der Täufer	Bußprediger zur Zeit Jesu; gilt im Neuen Testament als Wegbereiter Jesu
Josef	Erster Sohn von Jakob und seiner Lieblingsfrau Rahel; zweitjüngster der zwölf Söhne Jakobs
Josua	1. Nachfolger des Mose, Führer Israels ins verheißene Land 2. Name eines Buches im AT, das die Ereignisse vom Tod des Mose bis zum Tod Josuas enthält
Juda	1. Name des vierten Sohnes von Jakob und Lea 2. Name eines der zwölf Stämme Israels 3. Name des Südreiches nach dem Zerfall des salomonischen Reiches 931 v. Chr.
Judenchristen	Christen, die vor ihrer Taufe Juden waren; viele von ihnen wollten auch nach der Taufe an der Befolgung des jüdischen Gesetzes (z. B. Beschneidung, Reinheitsvorschriften) festhalten
Jüdisches Gesetz	In den fünf Büchern Mose enthaltene göttliche Weisungen, die helfen sollen, den Bund zwischen Gott und den Menschen im Lebensalltag umzusetzen
Kaaba	Bedeutendstes Heiligtum des Islam im Hof der Moschee von Mekka
Kairos	Griechischer Begriff für Zeit, der vor allem den richtigen Moment, die subjektiv unterschiedlich erfahrbare Dimension der Zeit erfasst
Kajaphas	Hoherpriester, der Jesus verhörte
Kanaan	Land zwischen Mittelmeer und syrischer Wüste, seit der Besatzungszeit der Römer auch Palästina genannt
Kaplan	Meist junger Priester, Mitarbeiter des Pfarrers in einer katholischen Pfarrgemeinde
Karfreitag	Freitag vor Ostern, der als Sterbetag Jesu mit Zeichen der Trauer begangen wird („kara" = *Klage, Sorge*)
Karl Martell	(etwa 688–741 n. Chr.), fränkischer Hausmeier; wehrte mit seinem Sieg bei Poitiers im Jahre 732 n. Chr. die Islamisierung Mitteleuropas ab
Karwoche	Passions- und Trauerwoche vor Ostern im Gedenken an Jesu Leiden und Tod, mit Gründonnerstag, Karfreitag und Karsamstag als Abschluss der 40-tägigen Fastenzeit
Katholisch	Wörtlich *alle betreffend, allgemein;* Kennzeichen der Kirche Christi, die sich an alle Menschen richtet
Kilian	Etwa 689 n. Chr. in Würzburg ermordeter irischer Wanderbischof und Missionar; einer der Patrone des Bistums Würzburg
Kinderrechtskonvention	Von den Vereinten Nationen beschlossenes „Übereinkommen über die Rechte des Kindes"
Kirche	1. Gemeinschaft, die als Volk Gottes und Leib Christi fortsetzt, was Christus, ihr Haupt, begonnen hat 2. Gebäude zur Feier von Gottesdiensten
Kirchenjahr	Sich aus dem Festkalender der Kirche ergebende Ordnung des Jahres, beginnend mit dem 1. Adventssonntag und endend mit dem Samstag nach dem Christkönigssonntag, also einen Tag vor dem 1. Advent
Kirchenverwaltung	Von den Gemeindemitgliedern gewähltes Gremium zur Verwaltung der Grundstücke, Gebäude und Finanzen einer Pfarrgemeinde
Kirchweih	Jährliches Fest zur Erinnerung an die Weihe der Kirche, oft in enger Verbindung mit einem Volksfest

Konstantinische Wende	Vor allem von Kaiser Konstantin (ca. 280–337 n. Chr.) durch Hinwendung zum Christentum veranlasste Loslösung des römischen Staates von der bis dahin staatstragenden alten römischen Religion; Beginn der engen Verbindung von Kirche und Staat
Koran	Die in 114 Kapitel (= Suren) gegliederte Offenbarungsschrift des Islam, die Muhammad zwischen 608 und 632 n. Chr. vom Erzengel Gabriel erhalten haben soll
Korbinian	(etwa 680–730 n. Chr.), Missionar und Wanderbischof; erster Bischof von Freising; einer der Patrone der Erzdiözese München und Freising
Kreuzigung	In der Antike verbreitete Todesstrafe; bei den Römern besonders entehrende Todesart für nichtrömische Schwerverbrecher und Staatsfeinde
Kreuzweg	Nachvollzug des Leidenswegs Jesu in 14 Stationen
Kreuzzeichen	„Im Namen des Vaters und des Sohnes und des Heiligen Geistes": Kurzform des christlichen Glaubensbekenntnisses
Kreuzzüge	Im Mittelalter von der Kirche initiierte Kriege gegen Ungläubige und Ketzer zur Verteidigung oder Ausbreitung des katholischen Glaubens
Lea	Ältere Schwester Rahels; Frau Jakobs, Mutter von sechs Söhnen und einer Tochter
Lektor(in)	Lateinisch: *Leser(in), Vorleser(in);* Person, die im Wortgottesdienst der Heiligen Messe die Lesung(en) vorträgt
Levit	Bezeichnung für israelitische Priester, die alle aus dem Stamm Levi sein mussten
Lukas	Verfasser des Lukasevangeliums und der Apostelgeschichte; der Tradition nach Arzt und Gefährte des Paulus; Symbol: Stier
Manna	Hebräisch: *Was ist das?*; Nahrungsmittel der Israeliten in der Wüste
Markus	Als erster Evangelist Begründer der Textgattung „Evangelium"; der Tradition nach Begleiter des Paulus auf dessen erster Missionsreise; Symbol: Löwe
Märtyrer	Wörtlich *Zeuge;* jemand, der um seines Glaubens willen Verfolgung oder Tod erleidet (Blutzeuge)
Matthäus	Evangelist, der Tradition nach mit dem Apostel Matthäus identisch; Symbol: Engel/Mensch
Medina	Erste Stadt, die sich zum Islam bekannte; Ort der ersten verfassten Gemeinde und Grabstätte Muhammads
Meditation	Geistige Sammlung durch Besinnung, Konzentration
Mekka	Geburtsort Muhammads, heilige Stadt und Hauptziel der Pilgerfahrt der Muslime
Menschenrechte	Rechte, die jedem Menschen unabhängig von Herkunft, Familie, Geschlecht oder Religion bereits deswegen zustehen, weil er als Mensch geboren ist, so z. B. das Recht auf Leben, körperliche Unversehrtheit, Bildung
Menschenrechts-organisation	Organisation zum Schutz der Menschenrechte, wie z. B. UNICEF (United Nations' Children Fund)
Messias	Im Volk Israel als König des endzeitlichen Gottesreichs herbeigesehnter Herrscher aus dem Hause Davids
Minarett	Moscheeturm
Monte Cassino	Um 529 n. Chr. von Benedikt von Nursia in Latium gegründetes Stammkloster des Benediktinerordens
Moschee	Gebetsstätte der Muslime, verpflichtender Ort des Freitagsgebets
Mose	Von Gott erwählter Führer der Israeliten beim Auszug aus Ägypten und während des Zuges durch die Wüste
Muezzin	Ausrufer der Gebetszeit im Islam
Muhammad	(etwa 570–632 n. Chr.), Begründer des Islam, gilt dort als letzter und größter Prophet
Muslim	Selbstbezeichnung der Anhänger des Islam, wörtlich *Einer, der sich Gott hingibt*
Mythos	Meist uralte Erzählform, welche die großen Fragen der Menschheit mit Hilfe von Göttern und Heldengestalten zu erklären versucht
Namenstag	Gedenktag des Namenspatrons im Heiligenkalender
Natan	Israelitischer Prophet, der David im Auftrag Gottes wegen seiner Schuld zur Rechenschaft zieht

Nazaret	Stadt in Galiläa, in der Jesus seine Kindheit verlebte
Nebukadnezar II.	Babylonischer Herrscher (605–562 v. Chr.); lässt Jerusalem zerstören und große Teile der Bevölkerung ins Exil nach Babylon deportieren
Neues Testament (NT)	Zusammen mit dem Alten Testament die Heilige Schrift der Christen; 27 Schriften, eingeteilt in: Evangelien und Apostelgeschichte – Briefe – Offenbarung des Johannes
Offenbarung	1. Göttliche Mitteilung; zeigt, wer Gott ist und was er von den Menschen erwartet 2. Name des letzten Buches der Bibel
Olymp	Knapp 3000 m hoher Berg in Griechenland, der in der Antike als Sitz der Götter galt
Orakel	Zukunftsdeutung mit Hilfe göttlicher Zeichen und Sprüche
Osterkerze	Große, meist geschmückte Kerze, die in der Osternacht als Symbol des auferstandenen Christus erstmals entzündet wird
Ostern	Feier der Auferweckung bzw. Auferstehung Christi am ersten Sonntag nach dem ersten Frühjahrsvollmond
Ostersymbole	Sinnbilder, die geeignet sind, das Ereignis der Auferstehung sichtbar und spürbar zu machen, so z. B. Osterkerze, Osterlamm, Osterei
Palästina	Historische Landschaft an der Ostküste des Mittelmeeres, spätere Bezeichnung für das Gelobte Land Kanaan
Papyrus	Antikes Schreibmaterial, gefertigt aus dünnen Streifen des Marks der Papyrusstaude
Pascha	Sprich: pas-cha; hebräisch: *Vorübergang;* jüdisches Fest zur Erinnerung an die Nacht vor dem Auszug aus Ägypten, als der Todesengel an den Häusern der Israeliten vorüberging und die Erstgeborenen der Ägypter tötete
Passion	Das Leiden Jesu Christi von der Verhaftung über Verspottung, Geißelung, Verurteilung bis zur Kreuzigung
Patriarch	Griechisch: *Stammvater;* in der Bibel Bezeichnung der Stammväter Israels: Abraham, Isaak, Jakob und dessen Söhne
Patron	Heiliger, der als Beschützer und Fürsprecher einzelner Länder, Orte, Kirchen, Berufe u. a. verehrt wird
Patrozinium	1. Schutzherrschaft eines Heiligen (Patron) über die ihm geweihte Kirche 2. Jährliches Fest zu Ehren des Kirchenpatrons
Paulus	Apostel, der durch ausgedehnte Reisen und Briefe in besonderer Weise den christlichen Glauben verbreitete
Pergament	Früheres Schreibmaterial aus speziell präpariertem Leder
Petersdom	Größte Kirche der Welt, errichtet über dem Grab des Apostels Petrus in Rom
Petrus	Griechisch: *Fels;* Beiname, den Jesus seinem Apostel Simon gab
Pfarrei	Kleinste, rechtlich selbstständige Gemeinschaft von Gläubigen, im Auftrag des Bischofs von einem Pfarrer geleitet
Pfarrgemeinderat	Von den Gemeindemitgliedern gewähltes Gremium zur Unterstützung der Seelsorgearbeit der Geistlichen
Pfingsten	Tag der Geistsendung, die den Beginn der Kirche darstellt (50 Tage nach Ostern)
Pharao	Ägyptisch: *das große Haus;* Titel ägyptischer Herrscher
Pharisäer	Fromme Gruppe von Juden, welche die Gesetze des Mose genau beachteten
Pilatus, Pontius	26–36 n. Chr., römischer Statthalter von Judäa; mitverantwortlich für die Kreuzigung Jesu
Presbyterium	Hochaltarraum
Proselyten	Erst als Erwachsene zum Judentum übergetretene Menschen
Psalmen	Alttestamentliche Sammlung von 150 religiösen Liedern aus dem 11.–3. Jh. v. Chr., bestehend vor allem aus Lobliedern, Dankliedern und Klageliedern
Qumran	Hauptsiedlung der Essener im jüdischen Bergland nahe bei Jericho; Fundort der ältesten bis heute bekannten Bibelhandschriften

Rahel	Jüngere Schwester von Lea; Lieblingsfrau Jakobs; Mutter von Josef und Benjamin, bei dessen Geburt sie starb
Ramadan	Neunter Monat des islamischen Mondjahres – Fastenmonat
Rebekka	Frau von Isaak; Mutter von Esau und Jakob
Rehabeam	Sohn Salomos, erster König des Südreichs Juda (931–914 v. Chr.)
Reich Gottes	Bereits im Alten Testament Ausdruck der universalen Herrschaft Gottes; im Neuen Testament als durch die Heilszusage Gottes charakterisierte neue Wirklichkeit zentrales Thema der Verkündigung Jesu
Reinheitsgebote	Religiöse Anweisungen, die eine geistig-seelische Beschmutzung des Menschen verhindern wollen
Reliquie	Lateinisch: *Überrest;* Gegenstand, der in enger Verbindung zu einem Heiligen steht und deshalb Verehrung genießt
Richter	Männer und Frauen, die in der Zeit nach der Landnahme Israels wichtige Leitungsaufgaben (v. a. die Rechtsprechung) erfüllten
Rokoko	Anmutig verspielte Auflösung des Barockstils (ca. 1720–1780 n. Chr.)
Romanik	Kunstepoche des frühen Mittelalters (ca. 950–1250 n. Chr.); Glaube als Schutz und Sicherheit
Römisch-katholisch	Abgrenzung unserer Kirche mit dem Papst in Rom an der Spitze von anderen christlichen Kirchen und Glaubensgemeinschaften
Rotes Martyrium	Opfer des eigenen Lebens um des Glaubens willen
Sabbat	Der siebte Tag der jüdischen Woche, von Freitag Abend bis Samstag Abend; strenger Ruhetag
Sadduzäer	Mitglieder der jüdischen Oberschicht mit großem politischem Einfluss; entscheidende Kraft im Hohen Rat, Leiter der Tempeldienste in Jerusalem
Sakramentalien	Nicht zu den Sakramenten zählende Zeichenhandlungen, welche die Gnade Gottes vermitteln und versinnbildlichen
Sakramente	Die sieben von Jesus Christus eingesetzten, die Gnade Gottes vermittelnden Zeichenhandlungen, welche die Nähe Gottes individuell erfahrbar machen (Taufe, Buße, Eucharistie, Firmung, Ehe, Priesterweihe, Krankensalbung)
Salomo	Sohn Davids; israelitischer König von 961–931 v. Chr.; Erbauer des ersten Tempels in Jerusalem
Salomonisches Urteil	Weises Urteil, zurückgehend auf einen im Buch der Könige überlieferten weisen Schiedsspruch König Salomos, durch den er beim Streit zweier Frauen um ein Kind die rechtmäßige Mutter erkannte
Samaria	Landschaft in Mittelpalästina mit eigenem, von den Juden als unrein angesehenem Tempel und Kult
Samuel	Israelitischer Richter und Prophet, der im Auftrag Gottes Saul zum König salbte und ihm später auch seine Verwerfung mitteilte
Sara	Frau Abrahams
Saul	Erster König Israels (ca. 1020–1000 v. Chr.)
Scharia	Religiös begründetes Recht des Islam, umfassende Lebensordnung für den privaten und staatlichen Bereich
Schiiten	Kleinere der beiden Hauptgruppen des Islam, die nur Ali, den Vetter Muhammads, und dessen Nachkommen als rechtmäßige Nachfolger Muhammads anerkennt
Schriftgelehrte	Seit dem Babylonischen Exil Bezeichnung für jüdische Gesetzeslehrer
Schriftrolle	Antike Buchform, gefertigt aus aneinander geklebten Papyrusblättern mit Stäben zum Abwickeln am Anfang und Ende
Schuld	Übertreten eines Gebotes oder das Bewusstsein, einer (religiösen) Pflicht zuwidergehandelt zu haben
Solidarität	Zusammengehörigkeitsgefühl, das sich in gegenseitiger Unterstützung äußert
Sonntag	Nach christlichem Verständnis der erste Tag der Woche, an dem im Gottesdienst das Gedenken an die Auferstehung Jesu Christi gefeiert wird
Stammvater	Gründer einer Sippe mit Vorbildcharakter
Stephanus	Erster Blutzeuge (Märtyrer) für den christlichen Glauben; Gedenktag am 26. Dezember

Straßenkinder	Kinder, die meist in großen Städten auf der Straße leben und die sich mit Gelegenheitsjobs, Betteln oder Stehlen über Wasser halten
Sucht	Unabweisbares Verlangen nach einem bestimmten Gefühls-, Erlebnis- oder Bewusstseinszustand
Suchtkriterien	Anzeichen für das Vorliegen einer Sucht, vor allem Kontrollverlust – Entzugserscheinungen – Abstinenzunfähigkeit – Zwang zur Dosissteigerung – Zentrierung auf das Suchterlebnis
Sündenvergebung	Im Bußsakrament fortdauernde befreiende Tat Jesu, durch die den Menschen eine erneuerte Beziehung zu Gott möglich wird
Sunna	Die Gesamtheit der im Hadith gesammelten Aussprüche, Entscheidungen und Verhaltensweisen; neben dem Koran Richtschnur für das persönliche und staatliche Handeln der Muslime
Sunniten	Zahlenmäßig weitaus größte Gruppierung im Islam, für die Koran und Sunna die Grundlage ihrer Glaubens- und Pflichtenlehre bilden
Sure	Abschnitt des Koran
Symbol	Gegenstand, Handlung, Vorgang oder Zeichen zur Versinnbildlichung einer nicht unmittelbar wahrnehmbaren Wirklichkeit
Synoptiker	Bezeichnung für die Verfasser der drei ersten, in Inhalt und Aufbau einander ähnlichen Evangelien (Markus, Matthäus und Lukas)
Tabernakel	Aufbewahrungsort für die zum Verzehr bestimmte Eucharistie, deshalb meist aus besonders wertvollem Material kunstvoll gestaltet
Tempel	1. Kultbau, in der Regel Mittelpunkt eines religiösen Bezirks 2. Religiöses Zentrum des Judentums in Jerusalem, als Wohnung Gottes verstanden; unter König Salomo erbaut, nach der Zerstörung durch die Babylonier (586 v. Chr.) 520–516 v. Chr. wieder errichtet, von Herodes 19/18 v. Chr. erweitert, 70 n. Chr. durch die Römer endgültig zerstört
Testament	Lateinisch „testamentum“: *Verfügung, Vertrag, Bund;* das AT beinhaltet den Bund Gottes mit dem Volk Israel, das NT handelt vom neuen Bund durch Jesus für alle Menschen
Totengericht	Nach Vorstellung vieler Religionen Vollzug der göttlichen Gerechtigkeit nach dem Tod oder am Ende der Zeiten
Ulrich	(890–973 n. Chr.), Bischof und einer der Diözesanpatrone von Augsburg; erster formell heilig gesprochener Heiliger in der Geschichte der Kirche
Urgemeinde	Erste christliche Gemeinschaft in Jerusalem unter der Leitung von Petrus und Jakobus
Verdrängung	Versuch, leidvolle Erfahrungen abzuwehren, indem man sich ihnen nicht stellt
Vorbild	Persönlichkeit, die wesentliche Bereiche der individuellen Lebensführung maßgeblich bestimmt
Weißes Martyrium	Um des Glaubens willen auf sich genommene freiwillige Trennung von allem, woran das Herz hängt
Wort Gottes	Bezeichnung für den Inhalt der Bibel, die Gottes Wort im von Gott angeregten („inspirierten“) Sprechen von Menschen enthält
Wunderheilungen	Heilungen von Kranken, durch die Jesus Gott als liebenden Vater zeigt
Zidkija	König über das Südreich Juda von 597 v. Chr. bis zur Zerstörung Jerusalems 586 v. Chr.
Zweiquellentheorie	Annahme, dass dem Matthäus- und dem Lukasevangelium mit dem Markusevangelium und einer Sammlung von Reden Jesu zwei gemeinsame Quellen zugrunde liegen

S.6/7: Hintergrundfoto Jugendzimmer © Herzau/laif; Foto Junge hinter Osternest: © Schätzle/mauritius-images; Raucher: MEV-Verlag, Augsburg; Foto Mädchen: Momentaufnahme Shell-Jugendstudie 97
S. 8: Foto Grass: Archiv
S. 9: Pablo Picasso: Mädchen vor dem Spiegel (1932), Museum of Modern Art, New York © Succession Picasso/VG Bild-Kunst, Bonn 2005
S. 11: Foto Mädchen: Christian Neubauer
S. 12: Fotos Mädchen und Jungen mit Fanartikeln: Christian Neubauer
S. 16: Grafik © Globus Infografik; Foto Betrunkener © KNA-Bild;
S. 17: Foto Mädchen: © Wernet/laif; Foto Fixer: © KNA-Bild
S. 18: Foto oben: Degussa; Foto Scheiner-Stars: Claus Schredl
S. 20: Foto: Hans Seidl
S. 21: Foto: © KNA-Bild; Braille-Alphabet: Deutscher Blindenverband e. V., Bonn
S. 22: Porträtfoto Ruth Pfau: Deutsche Lepra- und Tuberkulosehilfe e.V.; Foto „Ruth Pfau bei der Betreuung eines Leprakranken": © KNA-Bild
S. 23: Foto Don Bosco, Plakat „Don Bosco für Straßenkinder": © KNA-Bild; Foto kreischende Teenies: © Holland.Hoogte/laif
S. 25: Foto: © zefa/T. Allofs
S. 27: Edvard Munch: Pubertät (1895) © The Munch Museum/The Munch Ellingsen Group/VG Bild-Kunst, Bonn 2005
S. 28/29: Hintergrundbild: Wolfgang Lettl: Psalm 22 © VG Bild-Kunst, Bonn 2005; Evangelist Markus: ottonische Buchmalerei (11. Jh.) © akg-images/British Library; Taufe, Pflege im Krankenhaus © KNA-Bild; Fotos Mädchen mit Friedensfahne, Sozialarbeit der Missionarinnen Christi in Slums © picture-alliance/dpa; Foto Knotenpistole in New York: Karin Bogoczek; Isenheimer Altar (1512–1516) von Matthias Grünewald, Musée du Unterlinden, Colmar: Archiv
S. 30: Foto demonstrierendes Mädchen: © Plambeck/laif; krebskrankes Kind: © Elleringmann/laif; Foto ölverseuchter Bach © Pierre Gleizes/Greenpeace; Foto Mädchen an der Tafel: Christian Neubauer; Foto Scheidung: © ACE/mauritius-images
S. 31: Foto Behindertensportler © laif; Foto Frau © picture-alliance/dpa
Henri Matisse: Der Tanz (1909/10) © Succession H. Matisse/VG Bild-Kunst, Bonn 2005
S. 34/36: Ausschnitte aus dem Isenheimer Altar (1512–1516) von Matthias Grünewald, Musée du Unterlinden, Colmar: Archiv
S. 38: Fotos Reporter und Redakteur © picture-alliance/dpa
S. 41: Foto Modell in Jerusalem: Archiv
S. 42/45: Vincent van Gogh: Der Sämann (1889/90), Sammlung M.W. Haft, New York
S. 47 Anne Seifert: „Die Erlösung des Gelähmten" © Albert Höfer, Graz; Byzantinische Malerei (12. Jh.): Archiv
S. 49: Vier Symbole der Evangelisten: Ausschnitte aus Miniatur aus dem Evangeliar von Mönchengladbach (um 1140) © Hessisches Landesmuseum, Darmstadt
S. 50. Foto: Franz Kogler, Linz
S. 51: Bild aus: Mit einem Senfkorn Glauben im Gepäck, Auer Verlag
S. 52: Ernst Barlach: Der Gläubige © Ernst Barlach Lizenzverwaltung, Ratzeburg
S. 54/55: Hintergrundfoto von Jonathan Borofsky's „Man Walking To The Sky", Documenta Kassel 1992 © Jan Heiner Schneider; Foto Familie mit Weihnachtsbaum: © Widmann/mauritius-images; Foto Taufe © KNA-Bild; Foto Flaggenparade: Bundeswehr Donauwörth; Plakat mit Sonnenblumen © Die Grünen; Fotos Geburtstagskuchen, Freundschaftsband: Christian Neubauer; Foto Frau mit Sektflasche: © Knechtel/laif; restliche Fotos: Archiv
S. 56: Foto Jugendzimmer: © Teichmann/laif; restliche Fotos: Christian Neubauer
S. 58/59: Foto Punker: © Kay Burmester; Foto „Schickimickis": © Edgar Herbst; Foto „Beautys": Sabine Martens/Agentur Focus; Foto Öko-Engagierte © Fritz Meffert/stern/PICTURE PRESS; Foto Trendsportler © Michael Kunkel/Agentur Hoch Zwei; Foto Cybers: © Stefan Pielow/Agentur Focus; Foto Skinheads: © Sebastian Bolesch/Das Fotoarchiv
S. 60: Foto Ringe: MEV-Verlag, Augsburg; restliche Fotos: Archiv
S. 62: Fotos Beerdigung, Wallfahrt © KNA-Bild; Foto Madonna © picture-alliance/dpa; Foto Kirchturm: Archiv; restliche Fotos: Christian Neubauer
S. 63: oben: Christus und die Apostel, byzantinische Ikone, Athen, Byzantinisches Museum; Foto aus Katakombe von San Sebastiano, Rom; Fische und Anker, Museo delle Terme, Rom: Archiv; Foto Demonstration: www.forumaugsburg.de
S. 64: Foto Mutter nach der Geburt: © Photononstop/mauritius-images, Familie beim Essen: © Stock Image/mauritius-images; Fotos pflegebedürftiger Mann, verzweifeltes Kind © KNA-Bild; Foto Paar vor Neubau: Christian Neubauer; Foto Priesterseminar: © Josef Kühn
S. 67: Leonardo da Vinci: Das letzte Abendmahl (1495–1498), Refektorium von Santa Maria delle Grazie, Mailand © Artothek, Weilheim
S. 68: Foto Fronleichnamsprozession: © Thomas Klinger, München; Foto Dom von Orvieto: © Eid/laif

S. 69: Foto Motorradweihe: © Ulrich Wagner; Foto: Eltern segnen ihre Kinder, Speisenweihe: Christian Neubauer
S. 71: Guido Muer: Die Sieben Sakramente (1984) © Ruth Muer, Münster
S. 72/73: Gottfried Franz: Hexenverbrennung (um 1880), Bonifatius fällt Donar-Eiche (1834/44), Martyrium des Emmeram: © akg-images; Buchminiatur „Kreuzfahrer und Sarazenen" © akg-images/Erich Lessing; Sandro Botticelli: Hl. Sebastian (um 1473), Gemäldegalerie Berlin: Archiv; Foto Kloster Andechs: MEV-Verlag, Augsburg; Bantry Boat, Heilige Lanze, Reichskreuz: Archiv
S. 74: Foto Mädchen bei der Prüfung: Christian Neubauer; Foto Grabbeigaben: Archiv
S. 76: Bantry Boat: Archiv
S. 77: Bild Fresko in St. Mang, Füssen: Archiv; Skulptur Martyrium des hl. Emmeram, Thann © akg-images
S. 78/79: Vorlage Hintergrund: „Bonifatius", hrsgg. von „Bonifatius Gedenk Commissie", S.1 f.; Bilder nach Fresken von Heinrich Maria von Hess: Bonifatius verlässt England (1830), Allerheiligen-Hofkapelle, München; Taufe von Heiden und Märtyrertod (1834/44), Bonifatiusbasilika, München; Bonifatius fällt Donar-Eiche (1834/44), Westfälisches Schulmuseum; Copyright für alle drei Bilder: akg-images
S. 80: Jean-Francois Gigoux: Chlodwigs Taufe (1850), Musée des Beaux-Arts, Bordeaux © akg-images/Gilles Mermet
S. 82: Cosmas Damian Asam: Das Fischwunder (1723/24): Foto: von der Mülbe
S. 83: Foto Jugendgottesdienst in Freising: © Thomas Klinger, München
S. 85: Schreibender Mönch, Buchmalerei (um 1150): Archiv
S. 86: Meister von Meßkirch: Der heilige Benedikt im Gebet (um 1530), Staatsgalerie Stuttgart
S. 87: Foto Monte Cassino © akg-images/Pirozzi
S. 88: Internetseite www.st-gotthard-gymnasium.de
S. 90: Otto Pankok: Christus zerbricht das Gewehr (um 1950) © Eva Pankok; „Kreuzritter kämpfen gegen Sarazenen", Buchmalerei aus dem 14. Jh.: Archiv; Foto Verwundete vor Fahne © ullstein-ullstein bild
S. 91: El Greco: Das Martyrium des hl. Mauritius, Escorial, Madrid: Archiv
S. 92: Foto Hagia Sophia: MEV-Verlag, Augsburg; Antonello da Messina: Der hl. Augustinus (um 1472/73), Museo Nazionale, Palermo; Silbermedaillon „Konstantin" (um 315): Archiv
S. 93: Fresko in „St. Ulrich", Hohenfels; Fresko von Cosmas Damian Asam (1718–21), Foto: Wolf-Christian von der Mülbe; Foto Heilige Lanze: Archiv
S. 94: „Kreuzritter aus dem Templerorden verfolgen fliehende Gegner" (Illustration aus dem 12. Jh.): Archiv
S. 95: „Peter der Einsiedler führt Volkskreuzzug an", Miniatur aus dem 14. Jh.; „Eroberung von Antiochia", französische Miniatur, um 1490; „Eroberung Jerusalems", Miniatur, um 1450: Archiv; „Plündernde Kreuzfahrer", Fresko © akg-images
S. 96: Karl Theodor von Piloty: Verhör einer Hexe (1862): Archiv; Foto Peyrepertuse: © akg-images/Schütze/Rodemann
S. 97: Fotos © KNA-Bild
S. 102/103: Foto Moschee in Pforzheim, Frau mit Kopftuch © KNA-Bild; Foto Muslima mit Kamera © picture-alliance/dpa; Soldat in Afghanistan © picture-alliance/ZP; Foto Felsendom © mauritius-images; restliche Bilder: Archiv
S. 104: Foto Moschee © picture-alliance/dpa
S. 106: Foto © Ministry of Heritage and Culture, Oman
S. 107: Grafik © Globus Infografik
S. 108: Zeichnung „Entrückung des Muhammad in den Himmel" © akg-images
S. 109: Foto Felsendom: MEV-Verlag, Augsburg
S. 110: Grafik © Globus Infografik; Foto Kaaba © Photri/mauritius-images
S. 111: Zeichnung Weg des Pilgers in Mekka: Archiv
S. 112: 1. Sure: Archiv
S. 114: Foto rituelle Waschung © picture-alliance/Godong;
Fotos Gebetsritual: Adalbert Wegmann
S. 115: Foto Fastenbrechen © Krause/laif
S. 116: Foto verhüllte Frau © picture-alliance
S. 118: Buchminiatur (18. Jh.): Archiv
S. 119: Fresko „Dreifaltigkeit" aus St. Jakob in Urschalling (12. Jh.): Archiv
S. 120: Foto: Barbara Huber/CIBEDO Frankfurt
S. 121: Fotos Blaue Moschee, Istanbul © KNA-Bild
S. 122: Miniatur aus einer arabischen Handschrift © akg-images; Karte aus: Entdecken und Verstehen 1 © Cornelsen Verlag Berlin
S. 123: Grabmal des Hussein in Kerbela © Aurora/laif
S. 124: Fotos: Archiv
S. 126: Fotos Palästinensische Kämpfer, Anschlag in Nairobi, Anschlag in Tel Aviv © picture-alliance
S. 127: Fotos Anschlag auf WTC, Besuch von Bush in islamischem Zentrum © picture-alliance/dpa
S. 129: Foto Assisi © KNA-Bild
S. 130: Foto Mannheim © KNA-Bild
S. 131: Foto: Kindergarten St. Walburg, Eichstätt
S. 133: Seite mit Kalligraphie persischen Ursprungs: Archiv

S. 6/7: Dietrich Bonhoeffer: Auszug aus Gedicht „Wer bin ich?". Aus: Widerstand und Ergebung. Gütersloher Verlagshaus 2002; Jörn Pfennig: „Mann – Kind". Aus: ders.: Keine Angst dich zu verlieren. Schneekluth Verlag GmbH, München 1984

S. 8: Auszüge aus Günter Grass: Katz und Maus. Deutscher Taschenbuch Verlag, München 2001 © Steidl Verlag, Göttingen

S. 9/12/15: Lexikonartikel nach: Brockhaus Enzyklopädie in 24 Bänden © Bibliographisches Institut & F.A. Brockhaus AG, 1999

S. 11: Irmela Wendt: „Gut". Aus: Jutta Madler (Hrsg.): Mit 13 ist alles ganz anders. Herder, Wien 1990

S. 14: „Sucht kann definiert werden ..." und „Suchtkriterien". Aus: Werner Gross: Hinter jeder Sucht ist eine Sehnsucht. Alltagssüchte erkennen und überwinden. 6. Auflage Herder Verlag, Freiburg 2002, S. 20/21

S. 22: Auszug aus Ruth Pfau: „Verrückter kann man nicht mehr leben". 13. Auflage. Herder Verlag, Freiburg 1995, S. 18

S. 24 Eugen Roth: „Lebenslügen". Aus: Das Eugen-Roth-Buch. 20 Auflage. Deutscher Taschenbuch Verlag, München 2003, S. 26 © 1977 Carl Hanser Verlag, München
Beate Hirt: „Nehmen wir mal an ...". Aus: Bundesleitung der Katholischen Jungen Gemeinde (Hrsg.): Kerzenschein und Neonlicht. Düsseldorf: KfG Verlag 1987, S. 115

S. 26: Erich Kästner: „Wenn Unrecht geschieht ...". Aus: ders.: Ansprache zum Schulbeginn, in: Gesammelte Schriften, Bd. 7. Droemersche Verlagsanstalt Th. Knaur 1969, S. 182

S. 40/41: nach: Bettina Wellmann: Licht aus. Spot on. Die Schauplätze des Markusevangeliums. In: Bibel heute 2/2002, S. 40–42

S. 57: Auszug aus Antoine de Saint-Exupéry: „Der Kleine Prinz", S. 71–73. Ins Deutsche übertragen von Grete und Josef Leitgeb © 1950 und 1998 Karl Rauch Verlag, Düsseldorf

S. 64: „Von jeher ..." Aus: Schwerpunkte heutiger Sakramentenpastoral. Ein Beschluss der Gemeinsamen Synode der Bistümer in der Bundesrepublik Deutschland. Herausgegeben vom Sekretär der Gemeinsamen Synode der Bistümer in der Bundesrepublik Deutschland, Bonn, S. 5

S. 65: „Da ist ein Aluminiumbecher ...", nach Leonardo Boff: Kleine Sakramentenlehre. Patmos Verlag, Düsseldorf 2003, S. 19–26

S. 75: Pirmin: „Ihr sollt keine Götzenbilder anbeten ..." Zit. nach: Ursmar Engelmann: Der heilige Pirmin und seine Pastoralbüchlein. Eingeleitet und ins Deutsche übertragen von Ursmar Engelmann. 2. Auflage. Thorbecke Verlag, Sigmaringen 1976

S. 76: „Obwohl der Ort ihm nicht besonders zusagte ..." Zit. nach: Jonas' erstes Buch vom Leben Columbans. Unter der Leitung von Herwig Wolfram neu übertragen von Herbert Haupt und Andreas Kusternig. 3. Auflage. Wissenschaftliche Buchgesellschaft, Darmstadt 1994

S. 81: Aus alten Gesetzesbüchern. Aus: Lex Baiuvariorum 4, 30, 31; 7, 3a; 8, 18, 19, 21; Capitulatio de partibus Saxoniae IV. Vgl. Karl A. Eckhardt (Hrsg.): Germanenrechte. Texte und Übersetzungen. Band 2: Die Gesetze des Karolingerreiches 714–911. II. Alamannen und Bayern (Schriften der Akademie für Deutsches Recht. Gruppe V: Rechtsgeschichte). Weimar 1934; Karl A. Eckhardt (Hrsg.): Germanenrechte. Texte und Übersetzungen. Die Gesetze des Karolingerreiches 714–911. III. Sachsen, Thüringer, Chamaven und Friesen (Schriften der Akademie für Deutsches Recht. Gruppe V: Rechtsgeschichte). Weimar 1934
Aus dem Handbüchlein der Dodana. Zit. nach: Gabriel Meier: Ausgewählte Schriften von Columban, Alkuin, Dodana, Jonas, Hrabanus Maurus, Notker Balbulus, Hugo von St. Viktor und Peraldus (=Bibliothek der katholischen Pädagogik 3), Freiburg 1890, S. 54–101

S. 82: „Als der heilige Korbinian ..." Aus: Gabriel Meier: Ausgewählte Schriften von Columban, Alkuin, Dodana, Jonas, Hrabanus Maurus, Notker Balbulus, Hugo von St. Viktor und Peraldus (=Bibliothek der katholischen Pädagogik 3), Freiburg 1890, S. 54–101

S. 83: Martin Cambensy: „Seit über fünf Jahrzehnten ...". Aus: Ein Segen für das Land. Herausgegeben von Peter Pfister. Verlag Sankt Michaelsbund, München 1999, S. 95

S. 88: „Die Gründung des Klosters ...", nach www.st-gotthard-gymnasium.de/kloster.htm

S. 98/99: Auszüge aus Tanja Kinkel: Die Puppenspieler, Goldmann Verlag, München 1995, S. 28/29, 39–41, 63/64, 65/66

S. 117: „Kein Glaubenssatz unserer Religion ...". Aus: Jehan Sadat: Ich bin eine Frau aus Ägypten, Heyne Verlag, München 1991
Atiya Dawood: „Hand in Hand". Aus: Jan Goodwin: Der Himmel der Frau ist unter den Füßen des Mannes. Lübbe Verlag, Bergisch Gladbach 1995

S. 119: Predigt: „Allah und der Gott Jesu". Aus: Pfarrnachrichten St. Josef, Neuhaus am Schliersee. Geschrieben und herausgegeben von Ralph Sauer

S. 127: S. M. Tantawi: „Schon unmittelbar nach der Aggression auf New York...". Zitiert nach www.islam.de am 13.9.2001

Liednachweis:

S. 31: Wünsch dir was T: Andreas Frege © 1993 by Musik-Edition Discoton GmbH/Edition DTH (BMG UFA Musikverlage), München

S. 50: Kleines Senfkorn Hoffnung
M: Ludger Edelkötter, T: Alois Albrecht
© KiMu Kinder Musik Verlag GmbH, 42555 Velbert

S. 52: Kyrie, guter Gott (In Ängsten, die einen)
M: Peter Janssens, T: Günter Hildebrandt
Aus: „Leben wird es geben"
© Peter Janssens Musik Verlag, Telgte-Westfalen

S. 70: Wo Menschen sich vergessen
M: Christoph Lehmann
T: Thomas Laubach
Alle Rechte im tvd-Verlag, Düsseldorf

S. 101: Kommt herbei, singt dem Herrn, T: Diethard Ziels © Gustav Bosse Verlag, Kassel
Rechte am israelischen Originaltitel: Sarah Levy-Tanai, ACUM Ltd.; IL-52117 Ramat-Gan